Für meine wunderbare Frau Kate
und meine Söhne Matthew und Benjamin.
Danke, dass ihr mir Gottes bedingungslose Liebe zeigt!

Für alle, die in der Jugendpastoral tätig sind
und Gottes Werk tun. Es lohnt sich!

Impressum

Titel des Originals: Rebuilding Youth Ministry und
Rebuilding Confirmation von Chris Wesley
Publisher: Ave Maria Press, USA 2015 und 2017
www.avemariapress.com

1. Auflage

Übersetzung: Elisabeth Fritzl
Lektorat: Johannes Seidel und Gertrude Lambauer
Layout und Grafik: Markus Plank
Gestaltung und Herstellung: PASTORALINNOVATION, Graz

Titelseite unter Verwendung einer Fotovorlage von Toni Schett

ISBN 978-3-9504250-1-7

www.pastoralinnovation.org

„Erfrischende Offenheit mitten im Chaos der Jugendpastoral."
Chris Stefanick, Gründer und Präsident von Real Life Catholic

Christopher Wesley

JUGEND REBUILT

Jungen Menschen Raum geben
Erwachsene zu Mentoren und Mentorinnen machen
Durch die Firmung neuen Geist erwecken

Mit Vorworten von Georg Plank,
Gründer von Pastoralinnovation,
und Michael White und Tom Corcoran,
den Autoren von REBUILT

Inhaltsverzeichnis

Vorworte 6
Einleitung 9
Teil I: Dem Ruf folgen
1. Mehr als Pizza essen 13
2. Kleingruppen und Mentoring 31
Teil II: Neubau Firmvorbereitung
3. Die Gelegenheit beim Schopf packen 45
4. Mehr als ein Abschluss 56
Teil III: Eine Strategie entwickeln
5. Die Richtigen finden 65
6. Nie mehr Schule 75
7. Werkzeuge statt Lehrbücher 90
8. Ein größeres Bild aufzeigen 99
Teil IV: Menschen zu Jüngern und Jüngerinnen machen
9. Jüngerschaft und Dienst 109
10. Jüngerschaft und Geld 119
11. Jüngerschaft und Beziehungen 128
12. Jüngerschaft und gelebte Praxis 137
13. Jüngerschaft und Glaubensweitergabe 147
Teil V: Ein Fundament bauen
14. Eine klare Botschaft formulieren 158
15. Ein dynamisches Team formen 168
16. Unwiderstehlich! 181
17. Mehr als ein Raum 192
Teil IV: Nachhaltig planen
18. Das Chaos akzeptieren 203
19. Die richtigen Fragen stellen 214
20. Lernen und wachsen 227
Nachwort 236

„Was ich an Chris Wesley liebe, ist, dass er nicht nur Theorie bietet – er weiß, was er tut und er teilt mit uns seine einfachen und praktischen Werkzeuge, damit wir eine dynamische und effektivere Jugendpastoral in unseren Pfarrgemeinden aufbauen können. Dieses Buch ist ein Geschenk!“

Doug Fields, Autor von Purpose Driven Youth Ministry

„Chris Wesley ist es gelungen, ein inspirierendes, bestärkendes, herausforderndes und ermutigendes Buch zu schreiben, das alle gelesen haben sollten, die in der Jugendpastoral tätig sind. Seine Liebe zur Jugend und zu allen, die mit Jugendlichen arbeiten, quillt förmlich aus jeder Seite dieses Buches.“

Clayton Imoo, Direktor, Referat für Jugend
und Junge Erwachsene, Erzdiözese Vancouver

„Christopher Wesley gibt einen klaren Einblick in das turbulente Leben und Tun einer Person, die zur Jugendpastoral berufen ist. Mit Humor und Ehrlichkeit beleuchtet er Herausforderungen und Entwicklung einer Vision für erfolgreiche Jugendpastoral. Alle, die mit Jugendlichen arbeiten – Neulinge oder Erfahrene – sollten dieses Buch lesen.“

Katie Prejan, Verantwortliche für Jugendpastoral,
Our Lady Queen of Heaven Parish, Lake Charles, Lousiana

Vorworte

Wo kann ich einen jungen Mann guten Gewissens hinschicken, der nach seiner Firmung aufgehört hat, in die Kirche zu gehen? Nicht, weil er ungläubig ist, sondern weil seine Pfarre einfach nichts mit seiner realen Lebenssituation zu tun hat. Darüber hinaus trifft er dort keine Gleichaltrigen oder Gleichgesinnten, die Musik empfindet er als Belästigung und die Texte und Predigten als irrelevant.

In der Church of the Nativity habe ich wiederholt gehört: Wenn junge Menschen nicht zu uns kommen, wenn ihnen unsere Angebote egal sind, wenn sie sagen, sie brauchen das ganze Kirchenzeug nicht, dann sind nicht sie schuld daran, auch nicht die ach so böse und gottfeindliche Gesellschaft. Nein, sagen Leute wie Father Michael White, Tom Corcoran oder Chris Wesley! Wir müssen uns selbstkritisch fragen, was wir falsch machen, wenn sie das Wertvollste für ihr Leben nicht interessiert: Die Frohe Botschaft!

Mich verbindet eine vierzigjährige persönliche Geschichte mit kirchlicher Jugendpastoral. Ich liebe es (noch immer und immer mehr), mit jungen Menschen zu reden, ihre Meinungen zu hören, ihre Kritik ernst zu nehmen und ihre Ideen für eine bessere Welt zu würdigen. Ich hätte Pastoralinnovation nicht gegründet, wenn ich nicht als Jugendlicher Glaube und Kirche als meine Berufung entdeckt hätte. Ich bin nicht naiv. Ich weiß, dass es heute enorme Klüfte zwischen der Kirche und jungen Menschen gibt. Ich sehe aber auch konkrete Brückenschläge, die nicht aus großen Worten, sondern aus konkreten und kühnen Taten bestehen. In diesem Buch erzählt Chris Wesley von einem solchen Brückenschlag, der auch Sie inspirieren wird.

Dr. Georg Plank
Pastoralinnovation

Jugendpastoral wird oft als Dienst an der „Zukunft der Kirche“ beschrieben. Das ist richtig und auch wieder nicht. Das „nicht“ bezieht sich auf das Missverständnis, dass junge Leute noch nicht die wirkliche Kirche seien.

Die Kirche wird manchmal verstanden als Gemeinschaft von Erwachsenen. Der Hauptgrund, dauerhaft in Kinder und Jugendliche zu investieren, sei, dass sie eines Tages Teil dieser Gemeinschaft von Erwachsenen werden. Diese Einstellung übersieht die lebenswichtige Rolle der Jugendpastoral in unseren Pfarrgemeinden. Junge Menschen sind selbstverständlich bereits jetzt ein wichtiger Teil der Kirche. Gott wünscht sich eine wachsende Beziehung zu ihnen und hat ihnen Gaben und Talente geschenkt, damit sie ihm und seiner Familie dienen.

Wir sehen in den Jugendlichen auch die Zukunft der Kirche, wenn die Kirche überhaupt Zukunft haben soll.

Als Erwachsene tragen wir die Verantwortung dafür, die reiche Tradition unseres katholischen Glaubens an die nächste Generation weiterzugeben. Außerdem können wir das vermitteln, was wir selbst auf unserem Glaubensweg erfahren haben und was Gott in unserem Leben gewirkt hat. Wenn wir Jugendliche als die Zukunft der Kirche sehen, liegt es in unserer Verantwortung, sie zu begleiten und sie zu ermutigen, eine Beziehung mit Jesus Christus einzugehen, damit auch sie die nachfolgende Generation in die Zukunft führen können.

Wir beide hatten das Privileg, mit Chris Wesley über ein Jahrzehnt zusammenzuarbeiten. Ganz besonders schätzen wir an der Jugendpastoral unter seiner Leitung, dass er beide Aspekte sehr ernst nimmt. Chris und das von ihm aufgebaute großartige Team haben die entscheidende Rolle der Jugendpastoral verstanden: für die Gegenwart und für die Zukunft unserer Kirche.

Dieses Buch bietet eine solide Anleitung für effektive Jugendpastoral von jemandem, der in der Praxis gelernt hat. Hier geht es nicht um Theorie oder Theologie. Es ist ein Handbuch mit praktischen Anweisungen und Schritten, die Sie umsetzen können, wenn Sie in Ihrer Gemeinde eine lebendige Jugendpastoral (neu) aufbauen möchten. Eine Jugendpastoral, die dazu dient, junge Menschen in die Nachfolge Jesu zu führen, damit auch sie andere zu Jüngern und Jüngerinnen machen. Sich der nächsten Generation anzunehmen, ist nicht nur ein frommer Wunsch, sondern notwendig zum Aufbau gesunder und evangelisierender Pfarrgemeinden. Dabei ist Chris Wesley ein guter Begleiter.

Pfarrer Michael White und Tom Corcoran
Autoren von REBUILT

Einleitung

Als Jugendlicher konnte ich es kaum erwarten, Teil einer High School Jugendgruppe zu werden. Die High School Jugendgruppe versprach neue Freundschaften, Aktivitäten - und in meiner Vorstellung - Spaß und nette Mädchen. Meine Schwester und meine Mutter halfen in der Jugendarbeit der Pfarrgemeinde. Sie kamen sonntagabends nach den Treffen gut gelaunt nach Hause und hatten viel zu erzählen. Das wollte ich auch. Und so kam es, dass diese Gruppen ein wichtiger Teil meiner Jugendzeit wurden.

Als Jugendlicher hatte ich es nicht einfach. Ich sehnte mich nach Liebe und Geborgenheit, die ich in der Jugendgruppe fand. Nach der Scheidung meiner Eltern wurde die Jugendgruppe für mich zu einem Zufluchtsort, wo ich mich unterstützt und sicher fühlte. Gegen Ende meiner Zeit dort geschah aber etwas, das einen bitteren Nachgeschmack für mich hatte. Ich hatte mich auf die letzten Einkehrtage mit meiner eigenen Jugendgruppe gefreut und sah mich bereits als Teil des Planungsteams. Kurz vor der Ernennung des Vorbereitungsteams bat unsere Leiterin mich in ihr Büro und sagte: *„Chris, dieses Mal werden wir dich nicht ins Vorbereitungsteam bitten.“* Ich war total schockiert und wollte unbedingt den Grund dafür wissen, war aber alles andere als bereit, ihre Antwort zu akzeptieren: *„Ich denke nicht, dass du dafür im Moment stabil genug bist.“*

Ich war wütend und am Boden zerstört. Sie versuchte die Situation zu entschärfen, indem sie mir sagte, dass ich als Teilnehmer sehr wohl willkommen sei. Aber es war zu spät – ich war einfach untröstlich. Als ich die Kirche an diesem

Abend verließ, weinte ich. Sie hatte mit ihrer Aussage irgendwie recht: Ich war kein besonderes Vorbild für Gleichaltrige, aber es fiel mir sehr schwer, das anzunehmen. Ich wollte einfach nur weg, nicht nur von der Jugendgruppe, sondern von der Kirche überhaupt. Ich war ein verletzter Teenager, der die Kirche gebraucht hätte, besonders meine Pfarrgemeinde, aber ich fühlte mich im Stich gelassen.

Man könnte meinen, dass Jugendarbeit nach diesem Erlebnis nicht ganz oben auf meiner Wunschliste gestanden wäre. Tatsächlich kam mir das überhaupt nicht in den Sinn, als ich über meine berufliche Zukunft nachdachte. Aber während der Zeit am College und einem Freiwilligen Sozialen Jahr mit den Jesuiten schenkte mir Gott so viele Gelegenheiten und Menschen auf meinem Weg, die mich Schritt für Schritt zu einem einigermaßen erfolgreichen Mitarbeiter in der Jugendpastoral machten. Ohne es zu merken wurde ich von Gott bereits damals auf meine Arbeit vorbereitet. So bin ich jetzt - 15 Jahre nach dem schmerzhaften Ende meiner Jugendgruppenzeit - glücklich und erfüllt und gehe in meiner Arbeit in der Jugendpastoral auf.

Als Verantwortlicher für Jugendpastoral in der Nativity Gemeinde in Timonium habe ich einsame Stunden erlebt mit dem Gefühl, allein dazustehen. Selbst nach zehn Jahren gibt es Tage, an denen ich mich frage, ob Jugendpastoral überhaupt nötig ist. Dann gibt es wieder Zeiten, an denen ich klar sehe, warum diese Arbeit ein wertvoller Beitrag zum Wachsen des Reiches Gottes ist. Fast täglich treffe ich Frauen und Männer, die sich mit großer Leidenschaft für die Jugend einsetzen und unsere katholische Jugend mobilisieren möchten. Aber es gibt auch viele Pfarrgemeinden, in denen Jugendpastoral ganz unten auf der Prioritätenliste angesiedelt ist. Das ist zwar traurig, aber nicht besonders überraschend. Viele Verantwortliche von Pfarrgemeinden glauben und wollen vielleicht auch nicht, dass Jugendliche sich finanziell beteiligen, andere leiten und verantwortungsvoll handeln können, um für die Gemeinde in nachhaltiger Weise etwas beizutragen. Wenn sie an Jugendliche denken, geht es meist um Ideen, wie man sie bei Laune halten kann, oder um ihre Mithilfe bei Projekten, die von anderen geplant wurden.

Und trotzdem wissen wir, dass eine Kirche mit Jugendlichen anziehend ist. Sie ist erfüllt von Energie, Lebenskraft und Hoffnung für die Zukunft. Aber der Dienst in der Jugendpastoral ist herausfordernd und chaotisch wie das Erwachsenwerden. Die Jugendlichen sind körperlichem, emotionalem und intellektuellem Wandel unterworfen. Allein die gemeinsame Terminfindung ist mit Jugendlichen oft eine entmutigende Geduldsprobe.

In den Vereinigten Staaten werden oft Leute frisch von der Uni für die Jugendpastoral in Pfarrgemeinden eingestellt. Sie investieren viel Zeit, aber erreichen die Jugendlichen nicht dauerhaft. Zurück bleiben Erschöpfung, enttäuschte Eltern und unzufriedene Jugendliche. Jugendpastoral wird viel zu oft auf eine Karikatur ihrer selbst reduziert. Als ob es um Babysitting ginge oder man einfach Pizza bestellt und einen Tischtennistisch, damit die Jugendlichen sich wenigstens in der Pfarrgemeinde treffen und nicht irgendwo anders rumhängen. Aber es könnte und sollte so viel mehr sein! Wirkungsvolle Jugendpastoral ist das Aufeinandertreffen von Gegenwart und Zukunft der Kirche. Es ist eine Bewegung, die die Wirksamkeit und Bedeutung der Kirche auf eine neue Ebene bringt. Ohne lebendige und wirkungsvolle Jugendpastoral, die dazu dient, aus den Jugendlichen erwachsene Jünger und

Jüngerinnen zu machen, wird die Kirche untergehen. Der Zweck dieses Buches ist, allen, die in ihren Pfarrgemeinden die Jugendpastoral verändern oder neu aufbauen möchten, Klarheit, Ermutigung und Hoffnung zu geben. Es will verständlich machen, worum es bei der Jugendpastoral geht: Erwachsene, die Christus nachfolgen, sollen die Jugendlichen zur Jüngerschaft führen. Mit meinen Erfahrungen möchte ich Ihnen helfen, eine Vision der Jugendarbeit für Ihre Pfarrgemeinde zu entwickeln, sodass Sie Hürden und Schwierigkeiten besser erkennen und Pläne für ein dauerhaftes Wachstum entwickeln können. Das erfordert harte Arbeit, Geduld und Opfer. Einige Menschen werden Sie vielleicht für verrückt halten, und vielleicht werden Sie zwischendurch aufgeben wollen. Aber Sie sind nicht verrückt und ich hoffe, Sie geben nicht auf!

Teil I: Dem Ruf folgen

1. Mehr als Pizza essen

Ohne prophetische Offenbarung verwildert das Volk; selig ist es, wenn es die Lehre bewahrt. (Spr 29,18)

Meine Jugendgruppe in der Mittelschule bestand aus drei Freunden: Dan, Steve und mir. Wir waren dort, weil unsere Mütter sich sehr in der Pfarrgemeinde engagierten und sie sich dasselbe für uns wünschten. Damals hatte ich nichts dagegen. Für einen Jugendlichen war das Pfarrzentrum ein wunderbarer Ort. Wir trafen uns freitagabends, meistens aßen wir Pizza, tranken Limonade und spielten ein wenig an den Geräten im Sportraum. Wir fragten uns nie, warum nicht mehr Leute dort waren. Unsere Jugendleiterin war eine unglaublich tolle Person, die uns viel Aufmerksamkeit schenkte. Sie ging mit uns zum Gebrauchtwarenladen der Heilsarmee, um Frisbees, Basketbälle und andere Sportgeräte zu kaufen. Sie hatte immer Süßigkeiten für uns parat. Wir waren zufrieden. Sie war unsere Chauffeurin, unsere Babysitterin, unsere Freundin – und wir brachten sie ins Burnout.

Einiges davon tut mir jetzt richtig leid. Manchmal frage ich mich sogar, ob Gott es mir heimzahlen wollte, indem er mich in die Jugendpastoral berufen hat. Es tut mir auch leid, dass unsere Jugendleiterin, wie so viele von uns, Großes mit den Jugendlichen in der Pfarrgemeinde vorhatte, aber immer wieder auf Hindernisse traf. Sie opferte viel von ihrer Zeit, auch Wochenenden, wenn sie die ganze Nacht mit Jugendlichen wach war, und bekam wenig bezahlt. Sie war leidenschaftlich darin, Jünger und Jüngerinnen zu gewinnen, es gab jedoch keine Unterstützung oder Pläne zur erfolgreichen Umsetzung dieser Bemühungen.

Es war auch nicht so, dass sich die Pfarrgemeinde nicht um sie gekümmert hätte. Aber Jugendpastoral wird eher als Übergangsarbeit angesehen. Als ich damit begann, hörte ich immer eine Frage, die mich fast verrückt machte: *„Was arbeiten Sie eigentlich?“* Oft wollte ich schreiend antworten: *„Womit soll ich beginnen?“* und dann der Person die lange Liste meiner Aufgaben aufzählen. Es ist schwierig, etwas zu beschreiben, was in vielen katholischen Gemeinden unbekannt ist. Solche Gespräche waren für mich immer wieder frustrierend, manchmal auch komisch.

„Sie sind also sowas wie ein Priester?“
„Nein.“
„Sind Sie sowas wie ein Lehrer?“
„Irgendwie ja. Ich unterrichte, aber nicht an einer Schule.“
„Was machen Sie außer Pizza essen und Outdoor-Aktivitäten?“
„Sowas mache ich eigentlich gar nicht.“
„Was machen Sie denn dann?“
„Ich vermittle Visionen und helfe Jugendlichen dabei,

in ihrer Beziehung zu Christus und dem katholischen Glauben zu wachsen."

„Aha..."

(peinliche Pause)

„Lohnt sich das?"

„Sicher."

(noch mehr peinliches Schweigen, dann Themenwechsel)

Rückblickend fällt es mir schwer, diesen neugierigen Menschen Vorwürfe zu machen. Ich wusste es selbst nicht. Mit der Zeit wuchs ich in meine Aufgabe hinein. Ich lernte von Älteren, denn lernen war das Wichtigste. Inzwischen verstehe ich es besser und andere auch, aber für viele Menschen in katholischen Gemeinden ist es immer noch neu und ein seltsames Unterfangen.

Wie sollte Jugendpastoral heute also aussehen? Das hängt von Ihnen ab, von Ihrer Pfarrgemeinde und Ihrem Ort. Ihre Jugendpastoral braucht eine eigene Identität und ein konkretes Ziel. Alles beginnt mit der Frage: *„Warum machen Sie Jugendpastoral?"*

Ihre Jugendpastoral braucht Identität

Wenn man Sie fragte: *„Was ist Jugendpastoral?"* – hätten Sie dann eine Antwort darauf? Eine Antwort, die mit den Verantwortlichen für Jugendpastoral am anderen Ende Ihrer Diözese übereinstimmt? Wenn Sie beide Fragen mit „eher nicht" beantworten, ist das problematisch. Wenn nicht einmal die Jugendpastoral tätigen Personen wissen, was das genau ist, und wenn die Leute in den Pfarrgemeinden nicht wissen, was Jugendpastoral ist, dann wird es auch vielen Katholik/innen egal sein, ob es das gibt oder nicht.

Jugendpastoral als eigenständiger Dienst in der katholischen Kirche ist in den USA noch relativ jung. Anfang des letzten Jahrhunderts gründete Bischof Bernhard Sheil in Chicago die Katholische Jugend. Das Hauptziel war, die Kinder und Jugendlichen zu erreichen, die während der Großen Depression auf den Straßen zu finden waren. 1955 wurde in einem Artikel in Harper's Magazine die Katholische Jugend so beschrieben: *„Es handelt sich um eine gut koordinierte Organisation, die sich durch Erziehungsberatung, psychiatrische Unterstützung, Sprach- und Leseprogramme, Freizeitaktivitäten und Gruppenarbeit der Probleme der Jugend annimmt."*

Langsam aber sicher wurde die Katholische Jugend zum Zentrum der Jugendarbeit der amerikanischen katholischen Kirche. Von Tanzveranstaltungen bis zu Basketball-Turnieren wurde alles Mögliche angeboten, um die Jugend in die Kirche zu bekommen bzw. sie dort zu halten. Das funktionierte sehr gut, aber über die Jahre veränderte sich kaum etwas. Auch nicht, als sich die Kultur in Amerika veränderte und die Bedürfnisse der Jugend wuchsen. Weil sich nichts veränderte, wurde aus der Jugendpastoral oder der pfarrlichen Gruppe der Katholischen Jugend einfach ein zusätzliches Angebot, mit dem um die Aufmerksamkeit von amerikanischen Jugendlichen gebuhlt wurde. Wenn Sie sich heute den Kalender der meisten Jugendverantwortlichen anschauen, sind die Freitag- und Samstagabende ausgebucht und ein Event jagt das andere. Während das in den meisten Pfarrgemeinden vor achtzig Jahren gut funktionierte, tut es das heute nicht mehr. Jugendliche brauchen keine Events, es geht ihnen um Beziehungen. Das Letzte, was sie brauchen, ist ein weiteres Programm.

Als ich Jugendleiter wurde, war mir klar, dass das nichts

für die Ewigkeit ist. Es war ein Job, mit dem ich meine Rechnungen bezahlen konnte und der mir genug Zeit ließ, um zu überlegen, was ich mit dem Rest meines Lebens anfangen wollte. Als ich die Entscheidung traf, dass es mehr als ein Job sei, wollte meine Familie wissen, ob ich das wirklich durchdacht hätte. Sie bewunderten zwar meine Entscheidung, für die Kirche zu arbeiten, wollten aber sicher sein, dass ich einen Plan B hätte.

Sie fragten: *„Was willst du danach machen?“* In anderen Worten: *„Wie sind deine Karrierepläne?“* Viele Jugendverantwortliche geben auf, weil sie nicht wissen, wohin es gehen soll. Sie sehen ihre Arbeit als Überbrückungszeit für den nächsten Schritt. Das ist in etwa so, wie wenn man trainiert, ohne zu wissen, wie viel Gewicht man verlieren möchte oder wie fit man werden möchte – eine Mischung zwischen Überforderung und Langeweile. Ein Rennen ohne klares Ziel ist ein Rennen ohne Hoffnung.

Um in der Jugendpastoral Erfolg zu haben, müssen Sie eine Zielvorstellung haben, selbst wenn sie unerreichbar erscheint. Das Ziel der Jugendpastoral sollte sein, die Heranwachsenden in ihrer Berufung durch die Kirche zu unterstützen, damit sie in ihrer Beziehung zu Christus zu wachsen.

Das von Ihnen gemalte Bild über Vision und Auftrag Ihrer Jugendpastoral hilft dabei, die Fragen nach dem Wohin, Wie und Warum zu beantworten. Wenn Sie diese Fragen nicht beantworten, werden Sie im Hamsterrad der Jugendarbeit gefangen bleiben. Ohne Meilensteine und Ziele verschwenden Sie lediglich Zeit und Ressourcen Ihrer Jugendlichen, ihrer Eltern und der Pfarrgemeinde.

Ob Sie Vollzeit arbeiten oder freiwillig in der Jugendpastoral tätig sind – wichtig ist, sowohl eine Vision für die Menschen, denen Sie dienen als auch für sich selbst zu entwickeln. Es werden Zeiten kommen, in denen Sie auf Hindernisse treffen, der Dienst Sie vor große Herausforderungen stellt und Ihnen alles dunkel und hoffnungslos erscheint. Das Wissen darum, was Sie tun sollen und vor allem warum Sie es tun sollen, wird Ihnen helfen und Ihre Identität stärken.

Sprechen Sie über Ihre Vision und Ihren Auftrag

Eine klar ausgesprochene Vision ist ein Bild dessen, was Ihre Jugendorganisation oder Ihre Jugendpastoral sein könnte oder sollte. Sie beantwortet die Fragen *„Wo wollen Sie hin?“* und *„Was wollen Sie erreichen?“*. Anders gesagt: *„Was ist letztendlich das Ziel?“*

Menschen, die mit Ihnen zusammenarbeiten oder daran interessiert sind, wollen wissen, wohin Sie wollen, weil es sie inspiriert, weil es ihnen Hoffnung gibt und weil es ihnen hilft, sich Ihren Bemühungen zugehörig zu fühlen. Als Läufer stelle ich mir beim Wettkampf das Ziel vor. Allein die Ziellinie zu sehen, ist eine natürliche Motivation. Wenn ich die Ziellinie sehe, wird mein Herz leichter, meine Schritte werden schneller und ich komme vorwärts. Genauso ist es, wenn Sie eine klare Vision davon haben, wohin Sie wollen. Sie selbst, Ihre Freiwilligen, die Eltern, Jugendlichen und der Rest Ihrer Pfarrgemeinde werden motiviert sein. Sie haben ihnen Hoffnung gegeben und ihnen die Ziellinie gezeigt. Sie haben ein Bild gezeichnet, das ihnen helfen wird, vorwärts zu gehen.

Eine klar ausgesprochene Vision beantwortet die Frage:

„Wie werden Sie Ihr Ziel erreichen?“ Anders gesagt, wird die Frage beantwortet: *„Warum tun Sie das, was Sie tun?“* Ein klar ausgesprochener Auftrag kann Ihren Absichten Feuer verleihen und gibt Ihrer Strategie Identität, sodass Sie die Vision, die Sie für Ihre Jugendpastoral haben, erreichen können. Sie müssen wissen, warum Sie existieren, ansonsten ist alles, was Sie angehen, verlorene Liebesmüh. Am größten ist die Frustration, wenn wir unser Ziel aus den Augen verlieren.

In Forrest Gump beginnt die Hauptfigur eines Tages zu laufen, ohne zu wissen warum. Einige Menschen folgten ihm. Manche folgten ihm nur, weil sie allem und jedem gefolgt wären, was sich bewegt. Andere folgten ihm aus Neugierde, wieder andere, weil ihm bereits so viele folgten. Eines Tages hörte Forrest einfach auf zu laufen. Ein Teil dieser Leute wusste dann nicht mehr, was sie tun sollten. Genauso wie bei Forrests Lauf wird es in der Jugendpastoral spannende Zeiten geben, in denen Sie viele Leute anziehen und positive Resonanz bekommen. Leute werden in Ihr Team kommen, weil es im Trend ist und sich gut anfühlt. Doch wenn es kein klares Ziel gibt und Menschen nicht wissen, warum Sie den Dienst tun oder warum Sie existieren, werden sie sich verabschieden, sobald die erste Begeisterung vorbei ist.

Die formulierte Vision und der Auftrag sollen Sie immer wieder an den Zweck Ihres Tuns erinnern. Sie sollen Ihre Rettung sein, sobald Sie aus dem Blick verlieren, warum Sie tun, was Sie tun, und sie sollen Ihre Mitarbeiter und Mitarbeiterinnen daran erinnern, was wichtig ist. In unserer Pfarrgemeinde Nativity lautet die Vision für unsere Jugendpastoral:

„Unsere Jugendpastoral dient dem Auftrag der Kirche, indem sie die nächste Generation von Jüngern und Jüngerinnen hervorbringt, die ihrerseits wieder andere zur Jüngerschaft für Jesus gewinnen werden. Dadurch können wir auch anderen Pfarrgemeinden helfen, dasselbe zu tun."

Unser Auftrag für die Jugendpastoral ist folgender:

„Liebe Gott. Liebe deine Nächsten. Mache andere zu Jüngern und Jüngerinnen Jesu."

Erste Schritte

Wenn Sie eine Jugendpastoral wollen, in der es um mehr als Pizza essen geht, und wenn Sie einen klaren und reizvollen Auftrag haben, wartet harte Arbeit auf Sie. Sie können sich nicht einfach zum Computer setzen und einen oder zwei Sätze darüber aufschreiben, was Sie erreichen wollen. Es wird auch nicht genügen, zu einem Treffen einzuladen, um einige Events zu planen. Es braucht viel Zeit, ein klares Ziel und beständige Hingabe.

1. Gehen Sie als Allerersten zu Gott

Die Vision, den Auftrag ohne Gott festzuschreiben wird immer zu Frustration und Enttäuschung führen. Ob Sie ganz neu beginnen oder etwas Vorhandenes anpassen: Vertrauen Sie sich Gottes Führung an, sowohl beim Inhalt als auch bei der Formulierung, vielleicht mit Zeit zu stillem Gebet, eucharistischer Anbetung und Fasten.

2. Stimmen Sie Ihre Leitbilder mit denen der Pfarrgemeinde ab

Jugendpastoral ist keine Einzelunternehmung in der Kirche. Bevor Sie Stunden damit verbringen, Ihre Vision und Ihren Auftrag in Worte zu fassen, versichern Sie sich, dass diese mit dem konform gehen, was vom Pfarrer und dem Pfarrgemeinderat für die Pfarrgemeinde als Ganzes vorgesehen ist.

Wie Sie hier sehen, ergibt sich in Nativity die Vision unserer Jugendpastoral aus der Vision der Pfarrgemeinde:

„Wir dienen dem Auftrag der Kirche, indem wir Menschen zu Jüngern und Jüngerinnen Jesu machen, besonders die katholisch Getauften im Norden Baltimores, die keine Bindung zur Kirche haben. Dadurch helfen wir auch anderen Pfarrgemeinden, dasselbe zu tun.“

Der Auftrag unserer Jugendpastoral ist derselbe wie der unserer Pfarrgemeinde:

„Liebe Gott. Liebe deine Nächsten. Mache andere zu Jüngern und Jüngerinnen Jesu.“

In der Jugendpastoral versuchen wir das in unserer Umwelt, mit unseren Möglichkeiten und in unseren Beziehungen zu leben. Wir konzentrieren uns vor allem darauf, Menschen in die Jüngerschaft zu führen, die ihrerseits dasselbe tun werden. Jugendpastoral muss das tun, um die Zukunft der Jugendpastoral und die der Kirche zu stärken.

Wenn Sie Ihre Vision und Ihren Auftrag mit dem Rest der Pfarrgemeinde abstimmen, entstehen auch Ressourcen für generationenverbindende Pastoral. Die Jugendlichen in Ihrer Pfarrgemeinde werden sichtbarer und im Pfarrleben präsenter sein.

3. Die Zielgruppe kennen

Wen wollen Sie ansprechen? Die schnelle Antwort lautet: Jugendliche. Allerdings müssen Sie diese Zielgruppe genauer definieren. Im Buch „REBUILT" von Michael White und Tom Corcoran geht es darum, wie sie Timonium Tim erreichen könnten. Wer ist dieser Tim? Tim ist der Prototyp eines verloren gegangenen Menschen in unserem Auftragsbereich. Tim ist ein guter Kerl. Wenn Sie Tim auf einer Party kennenlernen – und es ist wahrscheinlich, dass Sie ihm auf einer Party begegnen – werden Sie ihn mögen. Er ist gebildet, gut gekleidet und erfolgreich. Tim ist verheiratet und hat Kinder.

Wir konzentrieren uns als Pfarrgemeinde auf Tim, weil es uns in unserer vorstädtischen Umgebung nur durch ihn gelingen wird, seine ganze Familie zu erreichen. So einfach ist es in der Jugendpastoral leider nicht. Wir wollen zwar alle, dass Tims jugendliche Kinder bei uns mitmachen, aber wir konzentrieren uns eher auf solche Jugendliche, die potentielle Tims werden könnten. Das sind Jugendliche, die sich einer Welt voller Relativismus gegenübersehen. In Debatten, in denen Wissenschaft gegen Religion steht, sind sie herausgefordert, Stellung zu beziehen. Es sind Jugendliche, die durch den einfachen Zugang zu Pornografie über ihre elektronischen Geräte verführt werden. Es sind Jugendliche, die davon überzeugt sind, dass der einzige Weg zum Erfolg über das College oder über Sport führt. Unsere Timonium-Jugendlichen haben zu viele Termine, sind gestresst und sehnen sich nach etwas, womit sie den Druck verringern können, dem sie sich täglich ausgesetzt fühlen.

Sie haben aber auch ein großes Herz. Deshalb engagieren sie sich für soziale Projekte oder teilen etwas in sozialen

Netzwerken, das enorme emotionale Auswirkungen hat. Unsere Jugendlichen wollen etwas aus ihrem Leben machen – sie wollen Sinn erleben und suchen danach. Letztendlich sehnen sie sich nach einer Beziehung mit Jesus Christus. Sie wissen es nur noch nicht. Wenn wir uns auf diese zukünftigen Timonium Tims konzentrieren, können wir sie auf den Tag vorbereiten, an dem sie ihr sicheres Zuhause verlassen müssen.

Lernen Sie die verloren gegangenen Jugendlichen in Ihrer Umgebung kennen und fragen Sie sich: *„Warum kommen sie nicht in die Kirche?“* Wenn Sie sie kennen lernen, legen Sie auch ein Profil an, damit Sie schneller wissen, wen Sie erreichen müssen. Geben Sie ihnen Namen. Das ist sehr hilfreich, wenn es darum geht, Beziehungen zu knüpfen.

4. Von erfolgreichen Vorbildern lernen

Wenn Sie neu in der Jugendpastoral sind empfehle ich Ihnen, Vision und Leitbild von anderen Pfarrgemeinden zu studieren. Von Null zu beginnen ist sehr schwierig und manchmal brauchen wir Inspiration von anderen. Das kann auch eine interessante Übung sein. Sie werden automatisch gewisse Phrasen, Ideen und Bedeutungen finden, die Ihnen gefallen. Versuchen Sie, diese für Ihre Jugendpastoral zu adaptieren. (Höflicher ist es, zuerst um Erlaubnis zu fragen.) Wenn Sie einen Startpunkt brauchen, gebe ich Ihnen die Erlaubnis, mit uns zu beginnen. Nicht alles muss eigenständig erfunden werden. Wir leben ja nicht in einem Vakuum, nichts kann wirklich einzigartig sein, aber Ihre Vision und Ihr Auftrag müssen zu Ihrer Situation passen.

5. Teilen Sie Ihre Überlegungen mit dem Leitungsteam

Bevor Sie Visitenkarten und Folder mit Ihrer Vision und Ihrem Auftrag drucken lassen, besprechen Sie Ihre Ideen mit anderen Mitarbeitern und Mitarbeiterinnen. Sprechen Sie mit Menschen, von denen Sie ehrliche Kritik erwarten können. Fragen Sie sie, ob sie dieselben Beobachtungen machen wie Sie. Seien Sie offen für deren Ansichten. Schließlich müssen Sie die Formulierungen festlegen. Lassen Sie auch hier andere einen Blick auf das Projekt werfen und nehmen Sie die Rückmeldungen offen an.

6. Fragen Sie die Jugendlichen

Nachdem Sie Ihre Vision und Ihren Auftrag mit Erwachsenen besprochen haben, holen Sie sich auch die Rückmeldungen von Jugendlichen. Schließlich geht es ja um sie. Zu wissen, was sie denken, ist der Schlüssel. Setzen Sie sich mit einigen Jugendlichen zusammen, die ehrlich zu ihnen sind und fragen Sie sie, ob Ihre Formulierungen verständlich sind. Wenn die Jugendlichen sie nicht verstehen, werden sie Ihre Überlegungen niemals in ihr Leben integrieren. Achten Sie auch darauf, ob sie Ihre Botschaft spannend und motivierend finden. Sie dürfen auch Fragen stellen, damit Sie genau dorthin kommen, wohin Sie mit ihnen wollen. Eine Vision ist nicht ausschließlich für Erwachsene – auch junge Menschen brauchen sie.

7. Aufschreiben und optimieren

Sobald Ihnen eine Idee, ein netter Satz oder eine starke Formulierung in den Sinn kommt, schreiben Sie das auf.

Schieben Sie keinen Gedanken beiseite, nur weil Sie glauben, dass er sich noch entwickeln muss. Auch wenn es nicht durchdacht ist, schreiben Sie es auf. Im Laufe der folgenden Wochen, Monate, vielleicht Jahre gehen Sie alles nochmal durch. Optimieren Sie Ihre Gedanken solange, bis sie Ihnen wirklich aus dem Herzen zu fließen scheinen. Am wichtigsten ist, dass alles klar und verständlich ist – nicht nur für Sie, sondern auch für diejenigen, die mit Ihnen zusammenarbeiten. Scheuen Sie sich nicht, andere um Rückmeldungen und Verbesserungen zu bitten.

Sprechen Sie über Ihre Vision und Ihren Auftrag

Nachdem Sie gebetet, abgewogen, recherchiert und einen Entwurf Ihrer Vision oder Ihres Auftrags geschrieben haben, sollten Sie dafür sorgen, dass daraus mehr wird als Buchstaben auf Papier. Eine Vision oder Mission ohne Leben ist wie ein Rennen ohne Ziel. Nach einer gewissen Zeit wird die Freude vergehen und sterben. Um sicherzustellen, dass in Ihrem Tun Leben steckt, achten Sie darauf, dass Ihre Freiwilligen, Jugendlichen und deren Eltern wissen, wohin Sie wollen und warum es Sie gibt. Um eine dynamische Mission und Vision zu kommunizieren, sollten Sie:

1. Konkret werden

Es wird Menschen geben, die keine Ahnung von dem haben, was Sie tun. Ihre Vision sollte diesen Menschen helfen, Klarheit zu gewinnen. „Malen“ Sie ein verständliches Bild und achten Sie dabei auf eine sorgfältige Wortwahl, stimmige Sätze und darauf wie Sie die fertige Vision bewerben.

Auch wenn Ihr Bild für die meisten Menschen verständlich ist, kann es trotzdem außerhalb ihrer Reichweite und Vorstellungskraft liegen. Wahrscheinlich müssen Sie Ihre Vision herunterbrechen und portionieren. Wenn Sie schon einmal eine längere Strecke gefahren sind, dann wissen Sie, was ich meine. Als Vater von zwei kleinen Kindern weiß ich, dass man Pausen braucht. Wenn die Reise nicht unterbrochen wird, kann sie zur Qual werden. Dasselbe gilt auch für Ihre Vision. Sie brauchen Meilensteine. Fragen Sie sich selbst und Ihre Berater/innen: *„Wie weiß ich, ob ich in die richtige Richtung unterwegs bin?“*

Pastor Andy Stanley rät, die Erfolgspunkte zu definieren, die das ganze Team kennen soll. *„Die meisten Pfarrgemeinden haben kein System, um Erfolg zu definieren. Stattdessen veröffentlichen sie einige allgemeine Statistiken, die Ihnen vage Fortschritt oder Misserfolg als Pfarrgemeinde anzeigen, dann machen sie weiter wie immer, ohne Unterscheidung, ob es funktioniert oder nicht.“*

Wie sieht also Erfolg und Fruchtbarkeit in unserer Kirche aus? Woher wissen wir, was wirklich wichtig ist?

Wenn wir an unserer Pfarrvision arbeiten,

- dienen wir dem Auftrag der Kirche, wenn wir für Jugendliche bei der Messe und in Gruppenstunden da sind.
- führen wir Jugendliche in die Jüngerschaft, die wiederum andere in die Nachfolge Christi führen, wenn sie ihre entkirchlichten Freunde und Freundinnen mitbringen.
- stärken wir andere Pfarrgemeinden, wenn Jugendliche sich in Dienst und Mission engagieren und dabei lernen, wie sie auch nach dem Schulabschluss Kirche sein können.

Nach einer Zeit wird deutlich, wohin wir wollen. Dann macht es Freude, auf das große Ganze zu schauen. Wenn wir auf die Meilensteine achten, wissen wir, ob wir in die richtige Richtung unterwegs sind. Wenn Sie Ihre Vision erstellen, achten Sie darauf, Ihre Fortschritte zu evaluieren. Halten sie diese schriftlich fest und teilen Sie sie anderen mit.

2. Inspiration hineinpacken

Wenn Ihre Vision lautet *„Ein Ort, an dem Jugendliche über Jesus lernen"* und Ihr Auftrag lautet: *„Angebote für Jugendliche"*, dann müssen Sie etwas verändern. Ihre Leitbilder sind zwar klar und deutlich, aber emotionslos. Ihre Vision sollte die Frage beantworten: *„Warum sollte es mich kümmern?"* Es geht darum, ein neues Bild dessen zu zeichnen, was sein könnte bzw. sollte. Ihr Leitbild soll die Angst bekämpfen: *„Die Vision ist nicht möglich."* Sie soll einfach und umsetzbar sein.

Ihre Vision und Ihr Leitbild sind nicht nur etwas für christlich Engagierte, die die Bedeutung einer Beziehung mit Jesus Christus verstehen. Sie wollen damit die Eltern gewinnen, die vor der Entscheidung stehen, ihre Kinder wieder einmal auf ein Hockey-Camp zu schicken oder ein Angebot der Pfarrgemeinde für Jugendlichen anzunehmen, die auf der Suche nach einem Ort sind, wo sie gemeinsam etwas Sinnvolles tun können. Es ist wichtig, die erwachsenen Mitarbeiter/innen zu erreichen, die ihre wertvolle Zeit verschenken, um Zeit mit Jugendlichen zu verbringen. Vision und Leitbild geben nicht nur Auskunft darüber, was Sie tun, sondern warum auch andere sich einbringen sollen. Nicht alle werden gleich ja sagen, aber es ist an Ihnen, brauchbare Argumente zu liefern. Je mehr Menschen Sie berühren, desto wahrscheinlicher ist es, dass Sie Erfolg haben werden. Sie brauchen Beispiele von geglückten Umsetzungen Ihrer Vision, z. B. wo erwachsene Mitarbeiter und Jugendliche die Vision lebendig machen. Bringen Sie die Beispiele immer in Unterhaltungen mit Eltern, Jugendlichen und anderen Menschen ein, denen Sie über Ihren Dienst erzählen wollen.

Es gibt eine Tendenz hin zu Schlagworten, aber ohne eine Geschichte dahinter sind diese Wörter in Wirklichkeit leer. Halten Sie Ausschau nach Geschichten von verwandeltem Leben, von Gotteserfahrungen, nach allem, was Ihnen dabei hilft, Ihre Vision anschaulich zu machen. Wenn es Klick macht, haben sie das Richtige gefunden. Je mehr Erlebnisgeschichten Sie kennen, desto klarer können Sie Ihrer Vision Gestalt geben, sodass die Menschen davon ergriffen werden.

3. Einen Wiedererkennungswert schaffen

Vision und Leitbild sollen klar sein und Emotionen wecken. Wenn man sie sich nicht merken kann, werden die Menschen sie nicht verinnerlichen. Um einen Wiedererkennungswert zu schaffen, müssen sie Dinge wiederholen, ständig wiederholen und dabei kreativ sein. Verwenden Sie Analogien oder ein Objekt, das die Menschen sich vorstellen können. Es ist eine Sache, eine Vision und ein Leitbild zu entwickeln und eine andere, sie zu kommunizieren. Sie können nie zu viel kommunizieren. Wenn die Leute etwas nicht mehr hören können, dann haben Sie es richtig gemacht. Das bedeutet, dass Ihre Botschaft angekommen ist.

Doug Fields, ein früherer Jugendpastor der Saddleback Gemeinde in Los Angeles erzählt im Buch *„Purpose Driven Youth Ministry“* darüber, wie er das Bild eines Trichters nutzte, um die fünf Ziele seiner Vision zu klar zu machen. Der „Trichter“ wurde zu einem Selbstläufer:

„Bevor ich nach Saddleback kam, arbeitete ich elf Jahre lang in einer anderen Gemeinde. Ich vermittelte ihnen unser Leitbild mit dem Bild eines Trichters … Zu einem Treffen mit Freiwilligen kamen alle eine Stunde früher, um eine Anti-Trichter Kampagne vorzubereiten … Das waren meine Freiwilligen. Jahrelang hatte ich sie geleitet, gefördert. Jahrelang arbeiteten wir miteinander, und plötzlich sagten sie: „Genug ist genug, wir haben es schon verstanden!“ Das empfand ich als einen Angriff auf meine Leitungsposition. Am selben Abend rief ich einen meiner Mentoren an und erzählte ihm von diesem kränkenden Erlebnis. Dieser erfolgreiche Geschäftsmann sagte: „Doug, was diese Menschen getan haben, ist eines der größten Komplimente, die mir jemals untergekommen sind. Die meisten hören nicht genug über Ziele und Zweck, als dass es ihnen zu viel werden könnte. Ich wäre begeistert, wenn meinen Leuten klar wäre, warum unsere Firma existiert. Die meisten haben keine Ahnung von unserem Geschäft, sie kennen nur ihren eigenen Zuständigkeitsbereich. Außerdem haben Deine Leute sich nicht über Deine Ziele lustig gemacht, sondern nur über Deinen visuellen Zugang. Also halte Dich eine Zeit lang mit den Trichtern zurück, aber nie mit Deinen Zielen.“

Wie sein Mentor richtig bemerkte, machten sich die Freiwilligen nicht über Dougs Vision lustig. Sie waren es einfach nur leid, wie er sie präsentierte. Wichtig ist, dass sie leicht zu merken war und dass die Menschen sie annahmen. Wenn die Menschen Ihre Vision und Ihren

Auftrag kennen, werden sie beides nachmachen, danach leben und somit zu wichtigen Werkzeugen Ihres Dienstes werden. Sie werden dafür einstehen und zu Wachstum und Verbreitung beitragen. Eine Vision und ein Leitbild zu verfassen ist der erste Schritt, aber diese zu kommunizieren ist etwas ganz anderes. Egal, ob Sie gerade erst beginnen oder schon seit Jahrzehnten pastoral tätig sind – Sie sollten sich ständig fragen: *„Wohin soll ich nach Gottes Willen diesen Dienstbereich führen?“* und *„Wie möchte er, dass ich dorthin komme?“*

Denken Sie daran, Ihre Vision und Ihren Auftrag mit denen der Pfarrgemeinde abzustimmen. Wenn die Jugendpastoral in gegensätzliche Richtung geht, wird das zu Konflikten führen. Gestalten und verbessern Sie ständig Ihre Vision und Ihren Auftrag, so wie Sie andere Fähigkeiten, wie etwa Kochen oder Marathon laufen unablässig trainieren müssen. Achten Sie darauf, dass Ihre Leitbilder konkret, emotional und eingängig sind. Bauen Sie sie immer wieder in Unterhaltungen ein, in Präsentationen und in ihre Korrespondenz. Verwenden Sie sie in Ihren Mails und auf Ihrer Webseite. Wiederholen Sie die Worte, wiederholen Sie sie, und dann wiederholen Sie sie noch einmal.

Denken Sie daran, dass eine Vision, die in Gott ist, mit seiner Gnade erfüllt ist. Ein Auftrag für Gott ist von seinem Segen begleitet.

2. Kleingruppen und Mentoring

Eisen wird an Eisen geschliffen; so schleift einer den Charakter des andern. (Spr 27,17)

Pfarrgemeinden können für Jugendliche wie ein fremdes Land sein. Manche Eltern ermuntern ihre Kinder hinzugehen, ohne ihnen viel darüber zu sagen, was sie erwartet. Wenn diese Jugendlichen in eine Pfarrgemeinde kommen und dort niemanden kennen, kann das für sie abschreckend sein. Jugendliche wollen mit anderen in Beziehung sein. Wenn sie sich beim ersten Mal nicht willkommen, akzeptiert oder geliebt fühlen, suchen sie einen Ort, wo sie es sind.

Die ersten zehn Jahre meines Lebens verbrachte ich in Japan, Hong Kong und Neuseeland. Mein Vater wurde immer wieder versetzt, und so brachen wir immer wieder auf. Ich denke gerne an diese Zeit zurück, weil es stets aufregende neue Orte und Kulturen für mich zu entdecken gab. Selbstverständlich bedeutete das auch, immer neue Freundschaften finden zu müssen. Jedes Mal, wenn wir umzogen, war das ein schwieriger Prozess für mich. Ironischerweise fiel es mir am schwersten, Freunde zu finden, als ich mit meiner Familie wieder in die USA zog. Ich kam in die sechste Klasse und werde diesen ersten Schultag nie vergessen. Ich kannte niemanden, was zwar während des Unterrichts in Ordnung war, aber in der Pause war das ein Albtraum. Ich musste mir einen Platz zum Essen suchen. Ich sah zwei Jungen, die ganz nett und harmlos aussahen, aber ich hatte mich getäuscht! Nach einigen Minuten Stille begannen die beiden von einem grausamen Spiel zu erzählen, bei dem man die Knöchel des Gegners mit der Faust schlägt. Wer als erstes zu bluten beginnt, verliert.

Am nächsten Tag versuchte ich es an einem anderen Tisch. Dieses Mal hatte ich mehr Glück und traf auf einige Jugendliche, die eher auf meiner Wellenlänge waren. Ob sie das genauso sahen, weiß ich nicht genau. Schließlich öffnete ich mich und teilte ein wenig von mir mit, bis ich einige gute Freunde fand. Über die Jahre vertiefte sich meine Beziehung zu ihnen. Sie waren in den Schlüsselmomenten meiner Jugendzeit für mich da und die meisten von ihnen sind immer noch Teil meines Lebens.

In der Zeit, als wir von Stadt zu Stadt und von Land zu Land zogen, lernte ich, wie unangenehm es ist, „der Neue" zu sein. Die Angst, keine Freunde zu finden, lähmt einen. Es kann durchaus sein, dass es sich auch für Jugendliche in Ihrer Pfarrgemeinde so anfühlt. Sie müssen nicht einmal neu in der Stadt sein, aber Jugendliche, die zum ersten Mal zu Ihnen kommen, fragen sich: *„Wo soll ich mich hinsetzen?"* und *„Spricht jemand mit mir?"* Wenn Sie Ihre Jugendpastoral stärken wollen, gehen Sie auf die Jugendlichen in ihren jeweiligen Situationen zu, erwarten sie nicht, dass sie zu Ihnen kommen. Helfen Sie ihnen dabei, das Gefühl zu bekommen, dass ihre Anwesenheit wichtig ist und sie aus einem bestimmten Grund Teil Ihrer Pfarrgemeinde sind. Später in diesem Kapitel reden wir darüber, wie Sie einzelne Jugendliche ansprechen können und wie Sie sie auf die Reise des Glaubens mitnehmen können. Besonders wichtig ist, dass Jugendpastoral nicht passiv sein kann. Erwarten Sie von den Jugendlichen nicht, dass sie regelmäßig kommen, weil sie einmal eingeladen wurden. Beginnen Sie stattdessen authentische Beziehungen zu knüpfen, auch wenn das viel Zeiteinsatz und Aufwand bedeutet.

Wenn Sie in die Jugend Ihrer Pfarrgemeinde investieren, laden Sie sie ein, Teil einer größeren Gemeinschaft zu sein. Wenn die Jugendlichen Ihre Bemühungen spüren, dann werden sie den Wert der Zugehörigkeit zu einer größeren Glaubensgemeinschaft erkennen. Im Buch *„Renewing the Vision“* sagen die US-amerikanischen Bischöfe folgendes:

„Wenn Pfarrgemeinden sich die Loyalität und aktive Teilnahme der Jugend verdienen wollen, dann werden sie ‚jugendfreundliche‘ Gemeinden sein müssen, in denen Jugendliche eine starke Präsenz im Pfarrleben zeigen. Die Pfarrgemeinden, denen Jugendliche etwas wert sind, heißen die Jugendlichen in ihrer Mitte willkommen. Sie hören ihnen zu. Sie kümmern sich um ihre Bedürfnisse. Sie unterstützen sie mit Gebet, Zeit, Infrastruktur und Geld. Das sind Pfarrgemeinden, die junge Menschen als Ressourcen ansehen, indem sie ihre Fähigkeiten und Talente erkennen und fördern, indem sie ihnen wichtige Rollen in der Leitung und in der Pastoral geben und ihre Mitwirkung fördern. Das sind Pfarrgemeinden, die jungen Menschen die Gelegenheit zu generationenverbindenden Beziehung geben, wo Beziehungen mit Erwachsenen entstehen, die als Vorbilder und Mentoren und Mentorinnen zur Verfügung stehen.“

Im Grunde geht es um Beziehung. Wenn Sie eine gute und wachsende Jugendpastoral wollen, stellen Sie Ihren Dienst unter diese Fragen: *„Wer investiert in das Leben der Jugendlichen in unserem Pfarrgebiet?“ „Wie investieren wir?“*

Um den Jugendlichen zu helfen, im Glauben zu wachsen und eine katholische Identität zu entwickeln, müssen Sie bewusste und authentische Beziehungen aufbauen. Sie fördern diese, indem Sie:

1. Jugendliche am Eingang willkommen heißen

Was ist ihr erster Eindruck? Werden Jugendliche begrüßt, wenn sie ein Gebäude betreten, oder spielt man mit ihnen Verstecken? In Nativity haben wir einen Dienst eingerichtet, bei dem Erwachsene dafür verantwortlich sind, dass bei jeder unserer Veranstaltungen Gastfreundschaft gelebt wird. Ein Mann oder eine Frau steht jede Woche am Eingang und begrüßt jeden Jugendlichen beim Hineinkommen und sagt Ihnen, wohin sie gehen sollen bzw. was als nächstes passiert. Wenn neue Jugendliche hereinkommen und sehen, dass jemand sie erwartet, sagt ihnen das: *„Ich bin für dich da, und ich interessiere mich dafür, wie es dir diese Woche ergangen ist.“* Das ist nichts Besonderes, sondern gelebte Gastfreundschaft.

Um eine einladende Umgebung zu schaffen, müssen Sie mindestens einen Erwachsenen oder Jugendlichen finden, der an der Tür steht und alle einzeln begrüßt, wenn sie hineinkommen. Wenn der Türdienst den Namen der Jugendlichen nicht kennt, soll er ihnen die Hand geben und sie nach ihrem Namen fragen. Wenn er oder sie die Jugendlichen kennt, fällt die Begrüßung persönlicher aus. Helfen Sie Ihrem Begrüßungsteam dabei, sich über die Tatsache zu freuen, dass junge Menschen zu Ihnen kommen, über die Neuen und auch über diejenigen, die schon längere Zeit in Ihre Pfarrgemeinde kommen. Es mag zunächst ein wenig seltsam erscheinen, doch eine Begrüßung an der Tür wird das Ankommen erleichtern. Wenn Menschen spüren, dass sie dazugehören, werden sie offener für alles sein, was als Nächstes geschieht.

2. Durch Kleingruppen Jugendliche untereinander und mit der Gemeinde verbinden

Oft gibt es einen hohen Erwartungsdruck, dass alles bei Ihnen großartig und außergewöhnlich sein muss. Wenn es das ist, was Sie wollen, organisieren Sie solche großartigen Veranstaltungen mit professioneller Unterhaltung und allem, was dazu gehört. Bewerben Sie diese in den sozialen Netzwerken und durch Mundpropanda. Wenn Sie diese Veranstaltungen gut planen, werden viele Menschen kommen. Eines wird allerdings nicht möglich sein, diese hohen Zahlen auf Dauer zu halten. Dauerhafte Beteiligung der Jugendlichen erfordert Zeit, Energie und Geduld. Ich stelle keineswegs Ihr Engagement in Frage. Ich glaube wirklich, dass Ihnen die Jugendlichen in Ihrem Jugenddienst und an Ihrem Ort am Herzen liegen. Doch Sie selbst können sich höchstens um drei oder vier Personen gleichzeitig kümmern. Um echte und tiefe Beziehungen zu stiften, müssen Sie für jede und jeden erreichbar sein – das bedeutet, viel Zeit und Aufmerksamkeit zu investieren. Falls Sie verheiratet sind oder gerne auch ein Leben außerhalb des pastoralen Dienstes hätten (und das sollten Sie!), können Sie nicht die ganze Zeit persönlich für alle Jugendlichen in Ihrer Umgebung da sein. Der nächste Schritt ist daher, auf die Suche nach wirklich guten Leitern und Leiterinnen für Kleingruppen zu gehen.

Ich bin zu der Überzeugung gekommen, dass alle Jugendlichen in Ihrem Pfarrgebiet, auch die, die nur ein wenig Interesse zeigen, in einer Kleingruppe verbunden sein sollten, in der es um Evangelisierung und Jüngerschaft geht (das bedeutet, eine Beziehung zu Jesus zu knüpfen und zu lernen, wie wir ihm dienen können). In den Kleingruppen lernen die Jugendlichen, wie sie eine Beziehung mit

Gleichaltrigen leben können, in der Jesus im Zentrum steht. Sie können von der Lebensweisheit gläubiger Erwachsener lernen und werden so angenommen, wie sie sind. Kurz gesagt: In den Kleingruppen werden die Jugendlichen in ihrem Glauben herausgefordert und begleitet. So können sie sich zu den Menschen entwickeln, zu denen Gott sie geschaffen hat.

Unsere Kleingruppen in Nativity treffen sich wöchentlich. Die Jugendlichen treffen sich jede Woche zunächst in einer Großgruppe, um miteinander zu beten und von mir oder jemandem aus unserem Team Impuls zu erhalten, den sie in den Diskussionen in den anschließenden Kleingruppen aufgreifen. Wir geben ihnen ein Thema zum Austausch vor, wenn aber aktuell etwas Dringendes aufkommt, wie etwa eine Trennung, Schwierigkeiten zu Hause oder der Tod eines geliebten Menschen, ermutigen wir die Gruppe dazu, die Situation gemeinsam zu betrachten. Dabei wird sie von einem erwachsenem Mitglied unseres Teams geleitet und mentoriert. Es geht darum, dass die Jugendlichen zusammenkommen, ihr Leben miteinander teilen und gemeinsam und füreinander beten. Durch die wöchentliche Wiederholung entwickeln die Jugendlichen ein geistliches Fundament für verlässliche Beziehungen.

Wir achten darauf, dass die Gruppen nicht mehr als sechs bis acht Jugendliche umfassen, dazu zwei oder drei Erwachsene aus dem Team. Dadurch haben alle Jugendlichen Gelegenheit sich mitzuteilen, eine Beziehung zu den Gleichaltrigen aufzubauen und mit den erwachsenen Mentoren und Mentorinnen im Glauben zu wachsen. Diese sind immer ein Zweier-Team, sodass immer mindestens einer oder eine in der Gruppe präsent ist. Das führt sie zu einer stabilen Partnerschaft und gegenseitiger Unterstützung, die ihnen hilft, auch schwierige Situationen durchzustehen. Es ist unser Ziel, dass in jeder Kleingruppe sechs bis acht Jugendliche sind. Wären es nur drei oder vier, wäre das auch in Ordnung. Das ist vielleicht für die Leitungsteams der Kleingruppen entmutigend, aber wir vertrauen darauf, dass Gott einen Plan hat und machen uns über Zahlen keine Sorgen. Auch wenn die Gruppe nicht groß ist, kann sie eine gesunde und dynamische Quelle der Glaubensbildung und ein fruchtbares Lernfeld für Jüngerschaft werden, wenn die Jugendlichen regelmäßig kommen und sich engagieren.

Wir haben für die Gruppen ein Konzept. Die Jugendlichen sind nach Geschlechtern aufgeteilt, beginnen in der siebten Klasse Teil einer Kleingruppe zu sein und bleiben bis in die zwölfte Klasse in derselben Gruppe. Falls möglich, werden sie die ganze Zeit von denselben Erwachsenen begleitet. Sie lesen richtig, ja, es braucht viel Engagement und Entschlossenheit von allen Seiten, aber das Ergebnis ist der Mühe wert.

Durch die Beständigkeit der Gruppen werden Mauern und Barrieren abgerissen und es entsteht ein echtes Vertrauen zueinander. Selbstverständlich kann es auch gute Gespräche zwischen Mädchen und Jungen geben, aber sie gehen nicht so in die Tiefe. Die Pubertät ist eine Zeit, in der vieles zerbrechlich ist. Die Jugendlichen entwickeln Selbsterkenntnis, sie entwickeln sich moralisch, psychisch und geistlich. Wir sind der Auffassung, dass es eine bestimmte Weisheit gibt, die ein nur Mann an einen Jungen und nur eine Frau an ein Mädchen weitergeben kann. Wenn Sie nicht genügend Leute für die Leitung haben, um die Gruppen nach Altersstufen zu teilen, sollten Sie die Jugendlichen auf jeden Fall nach Geschlechtern trennen.

Durch die Kleingruppen verbinden die Jugendlichen sich nicht nur mit den Gleichaltrigen, sondern auch mit dem Leib Christi, der größeren Gemeinschaft der Kirche. In den Kleingruppen können sie lebenslange, christusähnliche Beziehungen erproben und einüben. Die Jugendlichen lernen, dass wir Menschen nicht dazu bestimmt sind, allein durchs Leben zu gehen, sondern dass Gott uns in Christus einander geschenkt hat, um gemeinsam Jüngerschaft zu leben.

Schaffen Sie ein sicheres Umfeld für Einzelgespräche

Kleingruppen sind etwas Wundervolles, weil sie Gemeinschaft fördern. Allerdings benötigen einzelne Jugendliche manchmal etwas mehr Aufmerksamkeit. Ob es um ein bestimmtes Lebensthema, um ein tieferes geistliches Leben geht: eine Möglichkeit für Einzelgespräche ist wichtig.

Im Leben von Jugendlichen gibt es einen Punkt, an dem sie aus unterschiedlichen Gründen nicht mit den Eltern über ein Thema sprechen möchten. Es ist ihnen vielleicht peinlich, es fehlt an Vertrauen oder sie fürchten sich vor der Reaktion der Eltern. Aus welchen Grund auch immer, sie suchen in schwierigen Situationen auf jeden Fall nach Verständnis und Lebensweisheit. Die wichtigste Frage ist: *„An wen werden sie sich wenden?“*

Vielleicht sind es Leute aus Schule und Sport, Freunde oder Freundinnen, Geschwister oder auch ein Priester. Mehr und mehr wird das Internet die erste Anlaufstelle für Hilfe suchende Jugendliche. Wenn Sie für die Jugendpastoral verantwortlich sind, muss es Ihr Ziel sein, dass Sie oder jemand aus Ihrem gut ausgebildeten Freiwilligenteam auf dieser Liste weit nach oben rutscht.

Ein auf Kleingruppen für Gleichaltrige und auf erwachsenen Mentoren und Mentorinnen basierender Ansatz baut Vertrauen auf und stärkt die Jugendlichen auch durch:

- eine Stimme in ihrem Leben, die Gott ehrt
- Halt und Bestätigung der Eltern
- einen Anknüpfungspunkt zu einer persönlichen Beziehung mit Jesus Christus

Neben den regelmäßigen Gruppentreffen ermutigen wir zu Einzelgesprächen zwischen den Jugendlichen und Leitern oder Leiterinnen der Kleingruppen. Bei Gesprächsbedarf der Jugendlichen mit der Kleingruppenleitung oder Schwierigkeiten eines Elternteils in der Kommunikation mit seinem Kind organisieren wir gemeinsam ein Treffen. Mit jemandem aus der Kleingruppenleitung, den Eltern und mir legen wir eine Zeit sowie einen sicheren Ort für das Treffen fest.

Es ist wichtig, sich bei solchen Treffen an die diözesanen Richtlinien zu halten. Bevor Sie beginnen, kontaktieren Sie die verantwortliche Person für Kinder- und Jugendschutz und sprechen Sie mit ihr darüber, wie solche Treffen aussehen könnten. Ein vertieftes Verständnis der Richtlinien gibt Ihnen größere Sicherheit im Aufbau Ihres Jugendprogramms. Je mehr Sie mit der Diözese in Kontakt sind, desto mehr werden die dortigen Verantwortlichen Ihnen vertrauen. Diese Treffen geben Leitern und Leiterinnen von Kleingruppen Zeit und Raum, um von den Jugendlichen eingebrachten Fragen zu auf den Grund zu gehen. Sie können Themen besprechen, mit denen Eltern sich schwer tun, oder etwas, was im Verhalten, der Stimmung oder am

Charakter der Jugendlichen aufgefallen ist. Das Wichtige ist, dass ein Erwachsener der Kleingruppenleitung den Jugendlichen hilft in Ihrer Verbindung mit Gott und ihrer Familie zu wachsen.

Diese Doppelstruktur von Kleingruppen und Einzelgesprächen und die sich daraus entwickelnden Beziehungen sind der Schlüssel unserer Firmvorbereitung und die Basis für die Weitergabe der Glaubensinhalte in dieser Zeit. Es gibt viele verschiedene Arten, um mit Jugendlichen in Kontakt zu kommen. Diese Beziehungen müssen über die Grenzen der Jugendprogramme hinaus wachsen und in der gesamten Pfarrgemeinde verankert werden. In den weiteren Kapiteln werde ich auf generationenverbindende Beziehungen eingehen, die sich außerhalb der Jugendpastoral ergeben. Durch solche Beziehungen kommen die Jugendlichen in Kontakt mit der Pfarrgemeinde, sie begreifen sich selbst als wichtigen Teil des Gemeinschaftslebens und verpflichten sich zu stetigem geistlichem Wachstum.

Erste Schritte

Jemanden zu finden, der zustimmt, dass Beziehungen wesentlich für den Glaubensweg eines Menschen sind, ist leicht. Das größte Hindernis, dem wir uns gegenübersehen, ist aber, die richtigen Erwachsenen zu finden, mit denen unsere Jugendlichen sich regelmäßig treffen können und nicht nur bei einem Großevent pro Jahr. Wie in jedem Wachstumsprozess gibt es auch hier Mühen und Fallen. Für den Beginn schlagen wir vor:

1. Klein anfangen

In der Jugendpastoral haben viele einen hohen Erwartungsdruck, mit großen Zahlen aufwarten zu können. Wenn wir aber ein System authentischer Beziehungen aufbauen wollen, haben wir am Anfang nur begrenzte Möglichkeiten. Viele zu erreichen ist wichtig, aber ohne gesunde Beziehungen wird es nicht nachhaltig sein.

Fangen Sie klein an. Beginnen Sie mit zwei Gruppen (eine Jungen- und eine Mädchengruppe) zu je fünf bis acht Jugendlichen. Finden Sie für die Leitung zwei Männer und zwei Frauen, die nicht nur bereit sind, eine Gruppe zu leiten, sondern die auch keine Angst davor haben, Fehler zu machen. Lagern Sie die Vermittlung der Glaubensinhalte aus, sodass Sie sich ganz auf die Struktur der Gruppe konzentrieren können. Sie wollen ja kein Programm erstellen, das zu ihrem „Lehrplan" passt, sondern Sie einen „Lehrplan", der zu Ihrer Struktur passt. Finden Sie etwas, das Sie adaptieren können. Ich suche nach inhaltlichem Material, das ich als Ganzes oder auch teilweise nutzen kann. Hilfreich ist es auch, wenn Videos, Kleingruppenfragen oder Aktivitäten einzeln genutzt werden können. Suchen Sie nach Hilfsmitteln, deren Erarbeitung für Ihr Freiwilligenteam keinen großen Zeitaufwand bedeutet. Sie wollen ja, dass die Freiwilligen selbstsicher in einen Raum voller Jugendlicher gehen. Bei etwas, das ein Theologiestudium vorauszusetzen scheint, geben sie vielleicht auf.

Hilfsmittel finden Sie unter *christopherwesley.org* oder *rebuiltparish.com.*

Natürlich sind die Inhalte wichtig, aber verschwenden Sie keine Zeit damit, herauszufinden, wie man sie anwendet.

Legen sie den Schwerpunkt zunächst darauf, dass Gruppen sich treffen, und nicht auf die Inhalte, die Sie weitergeben möchten. Bestimmen Sie schließlich einen ersten Zeitraum von sechs oder acht Wochen, in dem die Gruppen sich finden und wachsen können. Am Ende dieses Zeitraums treffen Sie sich mit den Gruppenleiter/innen und Jugendlichen, um den Prozess zu reflektieren. Verändern Sie, was nötig ist und probieren Sie es weiter aus. Darauf können Sie aufbauen, die Anzahl der Gruppen und den Zeitraum vergrößern, in dem sie sich treffen. Wenn die Kleingruppen dann wachsen, können Sie daraus wieder neue Gruppen gründen. Wenn Sie klein anfangen, wird es leichter fallen, später mit mehr Jugendlichen zurechtzukommen, weil sich die große Gruppe in mehrere kleine Gruppen aufteilt.

Klein anzufangen ist der Schlüssel zu Mission und Evangelisierung. Statt einen großen Bus zu organisieren, Dutzende Anmeldeformulare zu sammeln und die ganze Last alleine zu tragen, werden Sie ein System aufbauen, in dem erwachsene Freiwillige Ihnen zur Seite stehen und die Last mit Ihnen teilen. Wenn Sie klein anfangen, rüsten Sie sich dafür, die zentralen Punkte zu erkennen und sich in Ihrem Dienst auf die weiterreichende Ziele Ihrer Vision auszurichten.

2. Die Gemeindeleitung ins Boot holen

Ohne Rückhalt besitzen Sie keine große Glaubwürdigkeit. Idealerweise möchten Sie, dass Ihr Konzept von den Verantwortlichen für die Kleingruppen und besonders vom Pfarrer, dem Mitarbeiterteam der Pfarrgemeinde und dem Pfarrgemeinderat unterstützt wird. Diese sind einflussreiche Fürsprecher und können Ihren Dienst fördern. Ihr Pfarrer (bzw. die für die Pastoral verantwortliche Person) wird Ihnen auf viele Arten helfen, vor allem dabei, geeignete Personen zu finden, die Kleingruppen leiten können.

3. Hohe Ansprüche an Ihre Leiter und Leiterinnen

Als ich in der Jugendpastoral zu arbeiten begann, war ich händeringend auf der Suche nach Freiwilligen, sodass ich mit allen zufrieden war, die sich irgendwie einbringen wollten. Machen Sie das bloß nicht! Suchen Sie nach Frauen und Männern, die nicht nur gern mit Jugendlichen arbeiten, sondern die auch Leidenschaft für Gott, die Kirche und den Auftrag Ihrer Pfarrgemeinde empfinden. Jegliche andere Ausrichtung bedeutet einen Rückschlag. Es wird Zeit brauchen, oft sogar viel Zeit, aber entwickeln Sie Kriterien um zu beurteilen, ob eine Person geeignet ist oder nicht. In Arbeitsverträgen wird oft eine Probezeit vereinbart. Verdienen unsere Jugendlichen nicht ebenso viel Achtsamkeit?

Die Idee, sich mit denselben Jugendlichen wöchentlich über vier oder mehr Jahre zu treffen, mag furchteinflößend erscheinen. Wenn Sie wirklich an Ihren Dienst glauben, bitten Sie die Leiter und Leiterinnen, sich für ein Jahr zu verpflichten. Um deren Engagement zu stärken, stellen Sie ihnen eine Vision vor Augen, die die Früchte des Aufwands sichtbar macht. Zeigen Sie Ihnen die Veränderungen im Leben der Jugendlichen und im Team. Wenn möglich, finden Sie jemanden, der ein persönliches Zeugnis über die Kraft der Kleingruppen gibt. Wenn Sie den ganzen Weg in kleine Abschnitte unterteilen, können die Teammitglieder erkennen, dass es machbar ist.

4. Gute Rahmenbedingungen schaffen

Immer wieder erzählen mir Erwachsene, dass sie nicht in der Jugendpastoral mitarbeiten, weil sie sich unterqualifiziert fühlen. Das ist eine begründete Entschuldigung, aber eine, an der man etwas ändern kann. Zusätzlich zu der Vision, geben Sie Ihren Teams Rahmenbedingungen, mit deren Hilfe sie die Gruppen leiten können. Bei uns sieht das so aus:

- **Beten Sie miteinander.** Jedes Treffen sollte mit einem Gebet beginnen, mit dem Gott eingeladen wird. Es kann ein kurzes Gebet oder eine längere Betrachtung sein.
- **Teilen Sie Ihr Leben miteinander.** Sprechen Sie darüber, was im Leben der Jugendlichen geschieht, z.B. beim Sport oder bei Saft und Donuts zwischen den Sonntagsmessen. Das Leben zu teilen bedeutet zu sprechen, zuzuhören und Dinge zu tun, bei denen man einander auf einer anderen Ebene kennenlernt. Wenn das Team nicht so kreativ ist, helfen wir mit „Eisbrecher-Fragen".
- **Beten Sie zum Abschluss für einander.** Nehmen Sie den Jugendlichen das Gefühl, dass sie alleine sind. Wenn Sie Ihre gemeinsame Zeit mit dem Austausch von Gebetsanliegen abschließen, wird erkennbar, dass jemand an mich denkt und für mich betet.

Dieser Rahmen ist nicht nur einfach, sondern er hilft der auch Gruppe dabei, Hindernisse zu überwinden. Wenn es in Ihrer Jugendpastoral authentische Beziehungen gibt, werden unzählige Jugendliche in die Pfarrgemeinde kommen, weil sie wissen, dass sie gesehen werden, dass sie willkommen sind und dass man sich um sie kümmert. Die authentischen Beziehungen, die Sie fördern, werden das Tor für die Jugendlichen sein, um eine authentische Beziehung mit Jesus Christus einzugehen.

Teil II: Neubau Firmvorbereitung

3. Die Gelegenheit beim Schopf packen

Auch jene ganze Generation wurde mit ihren Vätern vereint und nach ihnen kam eine andere Generation, die den Herrn nicht mehr kannte und auch nicht die Taten, die er für Israel vollbracht hatte. (Richter 2,10)

Wer ist schuld daran, wenn Firmvorbereitung scheitert? Dazu gibt es verschiedene Meinungen. Wir können zwar nach einem Sündenbock suchen, aber die Frage ist doch eher, wer macht sich das Problem zu eigen. Wer die Zuständigkeit übernimmt, geht auch den ersten Schritt zu einer Lösung.

Eines Abends bei der Vorbereitung eines Kleingruppentreffens für die Oberstufe kam unser Pfarrer vorbei und fragte, wie es läuft. Ich war gerade leicht im Stress beim Kopieren der Kleingruppenfragen und wollte mir nicht anmerken lassen, dass ich überfordert war, und sagte: *„Alles OK, nur noch ein paar Vorbereitungen.“*. Er lächelte und antwortete: *„Gut! Übrigens, wusstest du,* *dass eines der neuen Sofas, die du kürzlich gekauft hast, kaputt ist?"* Am liebsten hätte ich ignoriert, was er gerade gesagt hatte. Ich hatte noch so viel zu tun. Aber diese Sofas hatten bereits für große Spannungen gesorgt. Monatelang hatte ich Preise verglichen und Stunden damit verbracht, der Gemeindeleitung zu erklären, dass wir diese Sofas für unser Jüngerschaftsprogramm brauchten. Schließlich hatte ich die Schlacht gewonnen, weil ich bewiesen hatte, wie wichtig diese Sofas für unsere Jugendpastoral waren. Ein ganzes Jahr, bis ich sie kaufen durfte, und nun war eines davon kaputt!

Etwas in mir machte Klick. Ich konnte es nicht länger ignorieren und ging in den Flur, wo sich unsere Jugendlichen versammelten. Sofort sah ich es: Es sah so aus, als hätte jemand beschlossen, dass ein 400 Dollar-IKEA-Sofa ein perfektes Trampolin wäre. Mein Frust verwandelte sich in Ärger. Wenn ich so stark wie Superman gewesen wäre, hätte ich das Sofa hochgehoben und durch den Flur geworfen. Ich schwor Rache und machte mich auf die Suche nach den Schuldigen. Damit begann die Hexenjagd.

Es waren nur einige Leute im Gebäude, sodass es nicht schwer sein sollte, die Schuldigen zu finden. Aber das war ein Trugschluss. Den Pfarrer strich ich sofort von der Liste der Verdächtigen – so etwas würde er niemals tun - und ich nahm auch nicht an, dass jemand von den erwachsenen Freiwilligen eine solche Tat begangen hätte ohne es zuzugeben. Also ging ich zu Chris, dem Bandleader unserer Lobpreisgruppe, der gerade eine Probe leitete. Alle Bandmitglieder hatten ein Alibi. Ich ging herum und befragte alle im Gebäude nach dem Schicksal des Sofas. Wer war schuld daran? Ich war durcheinander, wütend und vermied das, was ich eigentlich hätte tun sollen:

das Problem lösen. Es gab ein kaputtes Sofa, das entfernt werden musste. Aber anstatt es aus dem Weg zu räumen, suchte ich nach Schuldigen.

Das Problem erkennen

Die Verantwortlichen für die Probleme der Firmvorbereitung zu finden, ist eine Hexenjagd. Man wird dabei nur wütend und frustriert. Immer wenn wir ein Problem lösen wollen, wenden wir viel Zeit auf, Verantwortliche für das Problem zu finden anstatt Verantwortliche für die Lösung. Wir suchen jemanden, um die Schuld abzuladen und gehen Gerüchten und Mythen nach, die die Suche noch verlängern.

Gerücht Nr. 1: Den Jugendlichen ist es egal

Wenn Jugendliche sich nicht beteiligen oder gar nicht erst kommen, glauben wir gerne, dass es ihnen egal ist. Es ist sehr einfach, ihnen religiöse Gleichgültigkeit zu unterstellen: Die Jugendlichen seien zu sehr in der materiellen Welt gefangen, in ihren Aktivitäten und sozialen Verbindungen, als sich auf Christus auszurichten. Wir tendieren dazu, sie als egozentrisch und unreif zu sehen und glauben, dass es sie nur zu Veranstaltungen zieht, zu denen alle anderen auch hingehen, oder zumindest dorthin, wo coole Leute zu finden sind.

In Wirklichkeit ist den Jugendlichen ihr geistliches Leben nicht egal. Unabhängig vom Thema stellen sie die Frage: *„Warum hat das eine Bedeutung?“* Das Problem ist, dass wir ihnen oft erzählen, was sie tun müssen, um gefirmt zu werden, ohne uns die Zeit zu nehmen, ihnen zu erklären, warum die Firmung wichtig ist, warum Kirche eine Bedeutung hat und warum eine Beziehung mit Christus für sie von Bedeutung ist.

Als Jugendverantwortliche und Verantwortliche für Religionsunterricht und Katechese müssen wir den Sinn der Firmung verständlich machen – zuerst uns selbst und dann jenen, die wir zu diesem Sakrament einladen. Wir müssen uns Zeit nehmen zu erklären, warum die Firmung im Leben unserer jungen Leute eine Bedeutung hat. Wenn Sie ihnen diese große Frage beantworten können, kann Ihr anstrengendes Engagement in der Firmvorbereitung und im Leben der Jugendlichen auch fruchtbar werden.

Gerücht Nr. 2: Die Eltern haben längst aufgegeben

Es ist einfach, die Eltern zu beschuldigen und die Meinung zu übernehmen, dass sie aufgegeben haben. Oft glauben wir, die Jugendlichen tanzen den Eltern auf der Nase herum und das ganze „Firmungszeugs" wird nur deshalb durchgezogen, um die Großeltern zufriedenzustellen. Wir glauben gerne (und beschweren uns darüber), dass Eltern sich viel mehr um die Berufsausbildung Ihres Kindes kümmern als es mit Jesus bekannt zu machen.

In Wahrheit brauchen Eltern Unterstützung. Sie sind zwar hauptverantwortlich für die Glaubensbildung ihrer Kinder, aber es gibt kein klares Handwerkszeug, um ihnen dabei zu helfen. Nur selten gibt es wirkliche Hilfe durch die Pfarrgemeinden. Wenn Sie für die Firmvorbereitung verantwortlich sind, sorgen Sie dafür, dass die Eltern nicht alleine sind. Stellen Sie nicht nur Materialien zur Verfügung. Seien Sie auch selbst für sie da und unterstützen Sie die Eltern, wenn die Jugendlichen nicht mit ihnen sprechen wollen.

Gerücht Nr. 3: „Religionsunterricht" ist Kontrolle pur

Manche von uns glauben, dass die Verantwortlichen für „Religionsunterricht" in der Pfarrgemeinde nur kontrollieren wollen und dass sie keinen Gedanken daran verschwenden, wie man die Jugendlichen verstehen kann. Ihr Ansatz sei eher weltfremd und von oben herab als partnerschaftlicher Umgang mit den Jugendlichen.

Die meisten von ihnen haben viel zu tun. Auch wir verlangen über ihre eigentliche Arbeit hinaus immer mehr von ihnen. Es ist wichtig, dass es seitens der Pfarrgemeinde Unterstützung für sie gibt und es jemanden (bezahlt oder freiwillig) gibt, der sich ganz auf die Sakramentenvorbereitung konzentrieren kann.

Gerücht Nr. 4: Verantwortliche für Jugendpastoral sind leichtsinnig

Das Gerücht besagt, dass Verantwortliche für Jugendpastoral mit den Jugendlichen befreundet sein wollen. Dadurch fühlen sie sich wohl, sie sind wichtig und sie haben einen Platz in der Pfarrgemeinde und in der Welt. Wir denken, sie kennen sich nur mit Spielen, Pizza und Frisbee aus. Sie seien Experten für Veranstaltungen und Aktivitäten, aber nicht verantwortungsvoll genug, um die nächste Generation zu leiten. Wie können solche Menschen überhaupt angestellt sein?

Ebenso wie im „Religionsunterricht" gibt es für sie über ihre Aufgabenbeschreibung hinaus sehr viel zu tun. Außerdem geht es ihnen um Beziehungen. Wenn es in der Firmvorbereitung nicht um Beziehungen geht, entsteht ein starres Wettbewerbssystem. Geben Sie den Verantwortlichen Richtlinien und seien Sie ihnen eine echte Unterstützung.

Gerücht Nr. 5: Der Pfarrer will damit überhaupt nichts zu tun haben

Sind ihm Jugendliche überhaupt wichtig? Er spricht nur dann über sie, wenn er sich beschwert, kürzt ständig das Budget und lässt sich nie bei ihnen blicken.

Dem Pfarrer sind die Jugendlichen nicht egal, aber er weiß vielleicht nicht, wie er ihnen begegnen soll. Anstatt ihm Vorwürfe zu machen, laden Sie ihn ein, sich an der Planung und an der Visionsentwicklung zu beteiligen. Helfen Sie ihm dabei, Jugendliche nicht nur zu verstehen, sondern auch ihre Rolle in der Pfarrgemeinde wertzuschätzen. Helfen Sie umgekehrt den Jugendlichen dabei, ihn kennenzulernen und seine Rolle wertzuschätzen.

Allen Gerüchten gemeinsam ist, dass es um Menschen geht. Viel zu oft verurteilen wir Menschen, obwohl das Problem eigentlich beim System liegt. Der Grund dafür, dass Firmvorbereitung nicht mehr funktioniert, liegt nicht darin, dass die Jugend leichtsinnig ist oder die Verantwortlichen erstarrt sind. Es liegt darin, dass Dinge, die vor 50 Jahren funktioniert haben, heute nicht mehr funktionieren. Genauso wie die Welt um uns herum, muss sich auch die Firmvorbereitung ändern.

Wenn Sie etwas ändern möchten, müssen Sie sich die Systeme anschauen, die das Problem verursachen. Wenn Sie mit Ihrer Firmvorbereitung unzufrieden sind, schauen Sie auf die Systeme, von denen sie beeinflusst wird.

Beim Neuaufbau unseres Firmprogramms sind wir auf einige dieser Systemprobleme gestoßen:

Systemfehler 1: Unklare Ziele

Wenn Sie wollen, dass jemand Zeit und Energie in etwas investiert, müssen Sie die Frage beantworten können, warum es eine Bedeutung hat. Das Wissen um die Bedeutung des Sakraments ist der Schlüssel, um Jugendliche, Eltern und die Pfarrgemeinde für diesen Weg zu begeistern.

Im Katechismus der Katholischen Kirche (KKK) lesen wir, dass die Firmung ein Wachstum und eine Vertiefung der Taufgnade bewirkt:

- sie verwurzelt uns tiefer in der Gotteskindschaft, die uns sagen lässt: „Abba, Vater!"
- sie vereint uns fester mit Christus
- sie vermehrt in uns die Gaben des Heiligen Geistes
- sie verbindet uns vollkommener mit der Kirche
- sie schenkt uns eine besondere Kraft des Heiligen Geistes, um in Wort und Tat als wahre Zeugen Christi den Glauben auszubreiten und zu verteidigen, den Namen Christi tapfer zu bekennen und uns nie des Kreuzes zu schämen. (KKK 1303)

Wenn Sie in der Kirche aufgewachsen sind und ein tiefes Verständnis der Sakramente haben, dann ist es berührend, was der Katechismus lehrt. Aber Menschen, die weniger mit der Kirche verbunden sind als Sie und ich wollen wissen, welche Rolle das in ihrem Alltag spielt. Bei der Vorbereitung der Jugendlichen auf die Firmung geht es darum, die Frage zu beantworten, warum sie Bedeutung hat.

Das ist nicht einfach. Gerade jetzt hören Jugendliche viele Botschaften, in denen es darum geht, was in ihrem Leben wicht ist. Sie hören, dass Noten, Stipendien und andere

Dinge, die sich im Lebenslauf gut machen, ihr Leben reich machen werden. Sie und ich wissen, dass die einzig wahre Botschaft die von Jesus ist, wenn er sagt: *„Ich bin gekommen, damit sie das Leben haben und es in Fülle haben."* (Johannes 10,10)

Die Firmung vereint uns stärker mit Christus, und das bereichert unser Leben. Sie und ich sind verantwortlich dafür, den Jugendlichen zu erklären, warum dieser Teil des Glaubensweges so wichtig ist. Anstatt ihnen nur beizubringen, was sie wissen müssen, müssen wir ihnen sagen, dass die Firmvorbereitung dazu da ist, die nächsten Schritte kennenzulernen, die sie zu einem besseren Ich machen werden.

Das ist alles. Bei der Firmvorbereitung geht es darum zu lernen, wie man ein Jünger und eine Jüngerin Jesu sein kann. Wir glauben, dass das der Weg zu einem besseren und erfüllteren Leben ist. Zeigen Sie ihnen den Sinn und Zweck und beobachten Sie, wie sie sich einlassen werden.

Systemfehler 2: Noch mehr Schule

Jugendliche verbringen einen Großteil ihrer Zeit in der Schule. Es gibt wohl nichts, das für sie weniger attraktiv wäre, als noch mehr Schule. Noch unattraktiver für Jugendliche ist die Firmvorbereitung am Abend. Sie bereuen, dass sie ihre Freizeit für etwas opfern, in dem sie keinen Wert sehen, anstatt die Zeit für Hausaufgaben oder zur Aufbesserung ihres Taschengelds zu nutzen.

Bücher für die Firmvorbereitung, Hausaufgaben und Tests werden nur zu Frust und Widerstand führen. Außerdem – was glauben Sie, wieviel Sie den Jugendlichen beibringen können? Sie sehen sie vielleicht zwei Stunden pro Woche im Zeitraum von zwölf Wochen. Das wäre, wie wenn Sie versuchen, 2000 Jahre Kirchengeschichte, Dogmen, Theologie und Glaubenspraxis in 24 Stunden hineinzupressen.

Wenn Sie Firmvorbereitung wie Unterricht gestalten, dann fügen Sie lediglich dem Informationsüberfluss, dem Jugendliche ständig ausgesetzt sind, noch etwas hinzu. Die Lösung der Systemfehler und Probleme hat zwei Seiten.

Erstens muss Firmvorbereitung Beziehungsarbeit sein. Wenn Sie mit Jugendlichen über persönliche Themen und bereichernde Information sprechen wollen, muss Vertrauen vorhanden sein. Um dieses Vertrauen wachsen zu lassen, brauchen Sie auf Beziehungen fokussierte Menschen. Sie brauchen Menschen, die die Firmlinge dort abholen, wo sie auf ihrem Glaubensweg stehen und die ihnen dabei helfen, einen Schritt näher zu einer Beziehung mit Jesus Christus zu kommen.

Zweitens müssen Sie sich auf das Wesentliche konzentrieren: weniger unterrichten, um mehr zu bewirken. In anderen Worten, Sie müssen sich fragen, was die Jugendlichen wissen müssen, um weiter in der Jüngerschaft zu wachsen, nachdem sie gefirmt sind.

Die Liste der Themen, das Werkzeug, die Einstellungen und Fakten, die wir den Jugendlichen vermitteln wollen, scheinen endlos lang zu sein. Das ist tatsächlich erschreckend! Sie müssen sich mit der begrenzten Zeit auf einige zentrale Wahrheiten konzentrieren, die wesentlichen Einfluss auf die Jugendlichen haben. In seinem Buch *„7 Practices of Effective Ministry“* schreibt Andy Stanley:

„Wenn Sie verantwortlich für die Weiterbildung in Ihrer Organisation sind, müssen Sie lernen, Informationen zu priorisieren. Sie müssen darauf achten, was Ihr Zielpublikum wissen muss, und unterscheiden, was wichtig und was lediglich interessant ist.“ (S. 122)

In einer Schulklasse geht es darum, Information zu vermitteln, aber wenn Sakramentenvorbereitung auf Beziehungen aufbauen soll, müssen Sie in Ihre Vision investieren und Ihre Hoffnung auf die Personen setzen, die die Jugendlichen werden sollen.

Systemfehler Nr. 3: Einzelkampf statt Teamwork

Es spielt keine Rolle, wer mit der Leitung der Firmvorbereitung beauftragt ist. Die Verantwortung liegt bei der ganzen Pfarrgemeinde. Das bedeutet, dass der Pfarrer, die Verantwortlichen für Religionsunterricht und Jugendpastoral, alle, die mitwirken, zusammenarbeiten und an einem Strang ziehen müssen. Viele sehen das ein, aber Ihre Bemühung, dass auch andere sich das Anliegen zu Eigen machen, endet oft in leeren Versprechungen. Man kann zwar nicht bestimmen, was die anderen tun, aber man kann auf ihre Einstellung einwirken. Diese wird davon beeinflusst, auf welche Weise Sie die richtige Vision präsentieren: anderen dienen und deutlich werden lassen, dass die Kirche ohne überzeugte Jünger und Jüngerinnen Jesu an Kraft verlieren und letztlich sterben wird.

In der biblischen Gestalt des Josua, werden Sie einen Mann entdecken, der Mut hatte und daran glaubte, dass Gott mit ihm ist, der aber auch unfähig war, die nächste Generation zum Herrn zu führen.

Auch jene ganze Generation wurde mit ihren Vätern vereint und nach ihnen kam eine andere Generation, die den Herrn und die Taten, die er für Israel vollbracht hatte, nicht mehr kannte. (Richter 2,10)

Wie konnte das geschehen? Weil niemand sich Zeit nahm, der nächsten Generation zu vermitteln, wie ihre Beziehung mit Gott aussehen kann.

Hören wir auf mit den Schuldzuweisungen. Es wird Zeit, dass wir auf die nächste Generation katholischer Jünger und Jüngerinnen schauen und erkennen, dass die Investition in sie Frucht bringen und größeren Einfluss auf die Kirche haben kann, als wir es uns vorstellen können. Firmvorbereitung mag Ihnen wie ein Stachel im Fleisch vorkommen. Es mag sich wie eine unlösbare Aufgabe anfühlen. Aber sie ist es wert. Sie müssen sich nur der Herausforderung stellen, die Situation annehmen, Lösungen finden und auf Gott vertrauen.

4. Mehr als ein Abschluss

Ich wählte den Weg der Wahrheit; nach deinen Urteilen hab ich Verlangen. Ich halte an deinen Vorschriften fest. Herr, lass mich niemals scheitern! Ich eile voran auf dem Weg deiner Gebote, denn mein Herz machst du weit. (Ps 119, 30-32)

Die Firmung wird oft wie ein Schulabschluss verstanden. Die erste Frage, die Eltern und Jugendliche mir stellen, wenn sie sich im Spätsommer nach der Vorbereitung erkundigen, lautet: „*Wann feiern wir die Firmung?*“ Das ist verständlich, sie wollen das Ende der Glaubensbildung gemeinsam feiern, Familienmitglieder und andere einladen. Aber Sie und ich wissen, dass Firmung mehr als ein Abschluss ist.

Es muss ein Paradigmenwechsel stattfinden, damit Firmvorbereitung wieder Sinn bekommt und im Wert steigt. Mit einer klaren Vision wird aus der Firmung mehr als ein Abschluss der religiösen Erziehung. Es wird sogar mehr daraus als Sie sich vorstellen können.

FREIWILLIG!

Jedes Jahr regen sich Eltern auf, wenn ich den Jugendlichen beim Informationstreffen sage, dass sie sich nicht firmen lassen müssen. Sie glauben bis dahin, dass ich auf ihrer Seite bin. Dass ich die Person bin, die die Jugendlichen davon überzeugen wird, dass sie das tun müssen. Für viele Eltern ist das der letzte Versuch, ihren Kindern irgendeine Art von Glaubensbildung mitzugeben, und mit ein paar

Worten habe ich ihn vereitelt! Ich würde die Erwartungen dieser Eltern gern erfüllen, aber das ist nicht immer möglich. Alle haben die Wahl. Deshalb sagen wir ihnen, dass sie das nicht tun müssen. Es erinnert sie daran, dass sie einen freien Willen haben und ihren nächsten Schritt selbst bestimmen können.

Wenn Sie Menschen darauf hinweisen, dass sie etwas Bestimmtes nicht tun müssen, befreien Sie sie von einer Last. Man gibt ihnen zu verstehen, dass sie eine Wahl haben und ihre eigenen Entscheidungen treffen können. Mit dieser Vollmacht können sie dem Angebot offener gegenüber stehen. Daher sagen wir: *„Ihr könnt …"*.

Zwischen müssen und können ist ein kleiner, aber feiner Unterschied. Es geht um einen Paradigmenwechsel. Die Jugendlichen behalten die Kontrolle und sie erkennen, dass sie das Recht und die Verantwortung haben, selbst zu entscheiden, wie ihr nächster Schritt in ihrer Beziehung mit Christus aussehen soll.

Die Frage, die Sie und ich den jungen Menschen beantworten müssen, ist, was sie in der Firmvorbereitung erwarten dürfen. Im Sport bekommt man einen Pokal. In der Schule bekommt man ein Zeugnis. In jedem anderen Klub, in jeder Klasse und Aktivität gibt es etwas Greifbares als Belohnung für die Bemühungen. Sie und ich wissen, dass wir durch die Sakramente viel mehr bekommen, als die Welt jemals aufbieten kann. Es ist der Beginn von etwas Großartigem, der Beginn eines Lebens in der Nachfolge, von Gottes Gnade erfüllt und verbunden mit dem Auftrag hinauszugehen, die Welt zu verändern und sie näher an die Wirklichkeit heranzuführen, zu der Gott sie geschaffen hat.

WANN BEGINNEN?

Bei uns sind die Kandidaten und Kandidatinnen zu Beginn der einjährigen Vorbereitungszeit ungefähr fünfzehn Jahre alt. Das war schon so, bevor ich in Nativity anfing. Ich habe das nie in Frage gestellt, weil ich damit aufgewachsen bin. Inzwischen wurde das Firmalter zu einem viel diskutierten Thema in der amerikanischen Kirche. Ich bin damit zufrieden, wie es bei uns läuft, und habe keine feste Überzeugung für das beste Firmalter. Jedes hat Vor- und Nachteile.

IN DER OBERSTUFE (Firmung mit ca. 15 Jahren)

Vorteile:

Die Schüler und Schülerinnen können die Bedeutung des Sakraments erfassen, haben eine gewisse Unabhängigkeit und besitzen die Fähigkeit, das, was sie lernen, im täglichen Leben umzusetzen. Außerdem reifen sie in dieser Zeit und bereiten sich auf das Erwachsensein vor. Warum sollte die Kirche ihnen nicht dabei helfen?

Nachteile:

Die meisten Jugendlichen im Teenageralter beginnen ihren Glauben und ihre Werte zu festigen. Im zweiten Oberstufenjahr wissen sie bereits, was sie glauben und überlegen auch gut, wieviel Zeit sie für ihre religiöse Praxis aufwenden wollen. Wenn man sie in dieser Zeit in ihrem Glauben und ihrer Glaubenspraxis herausfordert, entfernen sie sich vielleicht noch weiter von der Kirche. Die meisten von ihnen haben ihren eigenen Zeitplan, aber sie unternehmen viel zu viel und überfordern sich. Daher ist es auch schwierig, ihre Aufmerksamkeit zu gewinnen.

IN DER UNTERSTUFE (Firmung mit ca. 12 Jahren)

Vorteile:

Wenn die Firmung in diesem Alter gespendet wird, bringen sich die Eltern noch mehr ein. Viele Schüler und Schülerinnen sind offener für die Ansichten und Wegbegleitung Erwachsener als später in der Oberstufe, wo der Einfluss Gleichaltriger zunimmt. Sie machen ihren Zeitplan noch nicht selbst und sind dafür zu begeistern, bei etwas mitzumachen.

Nachteile:

Jugendliche in diesem Alter sind sowohl schnell über- als auch unterfordert. Da sie sich nicht auf ihren Platz in der Welt oder was sie werden wollen konzentrieren, verstehen sie die Bedeutung der Jüngerschaft und des Sakraments der Firmung noch nicht so gut. Man kann in ihnen den Samen von Glaube und Beziehung mit Christus und seiner Kirche säen, aber sie brauchen eine ernsthafte weitere Begleitung.

BEIM SCHULEINTRITT (Firmung mit ca. 7 Jahren)

Vorteile

Die Wiederherstellung der ursprünglichen Reihenfolge der Initiationssakramente für Kinder richtet sich nach dem Ritus der Eingliederung Erwachsener in die Kirche (RCIA). Dieser verdeutlicht die Lehre der Kirche: Die Eucharistie schließt die Einführung in die Kirche ab und ist ein Zeichen für die vollständige Einheit mit ihr. Anstatt Jahre für die Vorbereitung aufzuwenden, können Sie den Kindern dabei helfen, bewusst und durch die Firmgnade gestützt zu leben.

Wenn die Firmung früh gespendet wird, werden sowohl Eltern als auch Kinder vom Gedanken befreit, dass dieses Sakrament das letzte Ziel religiöser Bildung ist. Vielmehr wird sie zu einem wirklichen Startpunkt, sie ist eine „Eröffnung". Auf sehr praktische Art und Weise umgeht man so auch das Problem mit den Zeitplänen der Jugendlichen. Für die Verantwortlichen wird es somit einfacher, mit den Kindern zu arbeiten, die oft noch viel offener gegenüber religiöser Praxis und dem Glauben sind.

Nachteile

Wahrscheinlich werden mehr Familien bereit sein, die Vorbereitung mitzumachen und das Sakrament zu empfangen. Doch es muss gut durchdacht sein, wenn man so junge Menschen auf den Empfang der Firmung vorbereitet. In den Pfarren wird man sich auch die Frage stellen müssen, wie man die Kinder und ihre Familien in das Leben der Kirche integrieren kann.

Ich weiß nicht, ob es das perfekte Alter für die Firmung gibt. Aber ich bin überzeugt davon, dass Sie frustriert werden, wenn Sie das für das Entscheidende halten. In welchem Alter auch immer Kinder gefirmt werden – die ausschlaggebende Frage ist, wie man sie bestmöglich vorbereitet.

Die Antwort darauf ist eine solide Kinder- und Jugendpastoral. Wenn Sie gute und solide Angebote für die Kinder und Jugendlichen in ihrer Pfarrgemeinde haben, die ein Fundament legen und die Sakramentenvorbereitung unterstützen, dann haben Sie eine gute Ausgangsbasis. Es geht nicht darum, wann Sie mit der Firmvorbereitung beginnen, sondern wie Sie das Umfeld gestalten. In Nativity wollen wir eine Basis bilden, die Durst nach mehr weckt. Wir hoffen, dass die Jugendlichen durch Kleingruppen und altersgemäße Angebote, selbst wissen wollen, was danach kommt und wie sie Christus näher kommen können. Das mag wie ein Traum klingen, aber es ist ein Ziel, für das es sich lohnt, etwas zu investieren. Es vermindert den Erwartungsdruck, etwas tun zu müssen und stärkt die innere Haltung, selbst voranzugehen.

Wenn Sie eine solide Kinder- und Jugendpastoral aufbauen wollen, heißt das nicht, inzwischen die Sakramentenvorbereitung auszusetzen, bis Sie alles andere erreicht haben. Es bedeutet vielmehr, auf dem Weg dahin die Grundprinzipien im Blick zu haben: Kinder und Jugendliche schon früh in ihrem Glaubensleben bis hin zum Erwachsenwerden zu begleiten und eine starke Sakramentenvorbereitung zu entwickeln. Werden Sie nicht müde, an einem guten Fundament zu bauen. Wenn dann die Zeit zur Vertiefung gekommen ist, werden die Kinder und Jugendlichen sich mit größerer Freude darauf einlassen.

INFORMATIONSTREFFEN

Um Menschen vom Wollen zur Umsetzung zu bewegen, sorgen Sie dafür, dass sie mit klaren Erwartungen in die Firmvorbereitung gehen. Die erste Möglichkeit, den Paradigmenwechsel anzustoßen, bietet sich beim Informationstreffen für die Jugendlichen und ihre Eltern. Dieses Treffen soll eine Mischung aus Inspiration und Bewerbung sein. Das ist wichtig, weil es die künftige „Tonart“ vorgibt und einen Grundstein legt. Das ist Ihre Gelegenheit, Erwartungen zu wecken.

Bei uns ist dieses Treffen nicht verpflichtend, aber wir laden sehr nachdrücklich dazu ein. Wir bewerben es als Gelegenheit, das Gesamtkonzept kennenzulernen und Fragen zur Firmvorbereitung zu stellen. Wir hoffen, dass Eltern und Jugendliche danach miteinander die nächsten Schritte im Glaubensleben der Jugendlichen besprechen.

Dabei stehen die Inhalte im Zentrum. Das Treffen sollte anders als normale Treffen sein, es soll das „perfekte" Treffen werden. Dazu ist es nötig, eine Tagesordnung zu haben, pünktlich zu beginnen, genügend Leute zur Mithilfe zu haben und pünktlich aufzuhören.

Es mag überflüssig klingen, über ein Informationstreffen zu schreiben, aber dieses Treffen stellt die Weichen für die restliche Vorbereitung. Ein Aspekt, warum Firmvorbereitung so mühsam zu sein scheint ist, dass Menschen, die nicht dabei sein wollen auf solche treffen, die es so schnell wie möglich hinter sich bringen wollen.

Nachdem Sie alles Grundlegende geplant haben, ist es wichtig, die Tagesordnung mit einem Inhalt zu füllen, der alte Vorurteile beseitigt und Jugendliche wie Erwachsene dazu führt, sich auf den gemeinsamen Weg einzulassen. Dazu müssen Sie Sinn und Zweck dieses sakramentalen Geschenks erklären. Das anzusprechen ist entscheidend, denn die Antworten der meisten Jugendlichen, die über die Firmung befragt werden, lauten folgendermaßen:

- Es bedeutet, dass ich in der Pfarrgemeinde als erwachsen gelte
- Die Firmung macht mich zu einem besseren Menschen
- Ich will, dass meine Eltern mich damit in Ruhe lassen
- Ich muss gefirmt sein, wenn ich kirchlich heiraten möchte
- Es ist der Abschluss meiner religiösen Erziehung

Das Problem mit diesen Antworten ist, dass in unserer Kirche viele nicht verstehen, was das Sakrament uns anbietet. Die Menschen stellen ihre eigenen Vermutungen darüber an, warum es Firmvorbereitung gibt, aber im Katechismus der Katholischen Kirche ist es ganz klar beschrieben. Die Sakramente der christlichen Initiation – Taufe, Firmung und Eucharistie – sind das Fundament jeden christlichen Lebens.

„Durch die Gnade Christi beschenkt, erhalten die Menschen Anteil an der göttlichen Natur. Dabei besteht eine gewisse Ähnlichkeit mit dem Werden und Wachsen des natürlichen Lebens und mit seiner Stärkung. In der Taufe wiedergeboren, werden die Gläubigen durch das Sakrament der Firmung gefestigt und in der Eucharistie mit dem Brot des ewigen Lebens gestärkt. So werden sie durch die Sakramente der christlichen Initiation immer tiefer in das Leben Gottes hineingenommen und kommen der vollendeten Liebe immer näher." (KKK 1212)

Anders gesagt, die Firmvorbereitung ist die Vorbereitung der nächsten Generation darauf, dass sich ihre Einstellung zum Leben verändert. Bevor Jesus seine Jünger beauftragte, andere zu Jüngern zu machen, sagte er zu ihnen:

„Aber ihr werdet die Kraft des Heiligen Geistes empfangen, der auf Euch herabkommen wird; und ihr werdet meine Zeugen sein in Jerusalem und in ganz Judäa und Samarien und bis an die Grenzen der Erde." (Apg 1,8)

Aus Menschen, die Jesus folgten, wurden seine Sachwalter und Verteidiger. Sie wurden dazu mit der Kraft des Heiligen Geistes ausgerüstet. Wenn Sie Ihren Firmkandidaten und -kandidatinnen dabei helfen können, zu erkennen, dass für sie dasselbe Versprechen und derselbe Auftrag gelten, werden diese jungen Menschen die Firmvorbereitung aus einer ganz anderen Sicht betrachten.

Es gibt vieles, was man bedenken muss, und auch ich habe von Zeit zu Zeit immer noch damit zu kämpfen. Sie fordern Jugendliche auf, in die Welt hinauszugehen und etwas zu teilen, das polarisieren und Konflikte hervorrufen kann. Wenn die Jugendlichen wissen, wie ernst es uns ist, kann das schwer zu verdauen sein. Es ist wichtig, sie nicht zu entmutigen, sondern ihnen einen klaren Weg aufzuzeigen. Wenn Jugendliche und ihre Eltern verstehen, was von ihnen erwartet wird und was sie erwarten können, wird sich ihre Einstellung verändern. Mit Ihrer Firmvorbereitung haben Sie die Möglichkeit, einen oft gescheiterten Prozess so zu gestalten, dass dieser Lebensabschnitt für die Jugendlichen zu etwas Kostbarem wird.

Wenn die Menschen wissen, was wirklich geschieht und sich auf diesen Weg einlassen, werden sie aufhören, die Firmvorbereitung bloß als einen abzuhakenden Punkt auf der Checkliste zu betrachten. Die Firmung wird nicht mehr als Abschluss gesehen. Das geschieht nur, wenn wir klar und deutlich sagen, was sie ist und was sie sein kann. Manchmal werden wir das Gefühl haben, wie Ezechiel zu ausgetrockneten Knochen zu sprechen oder ins Leere. Aber die Botschaft, dass die Firmung eine Chance ist muss wiederholt werden. Denn wenn sie es tun können, werden die Jugendlichen das als Privileg erkennen und die Freude erfahren, die entsteht, wenn man ein Leben voll Gottes wunderbarer Gnade führt.

Teil III: Eine Strategie entwickeln

5. Die Richtigen finden

Da antwortete der Hauptmann: Herr, ich bin es nicht wert, dass Du mein Haus betrittst; sprich nur ein Wort, dann wird mein Diener gesund. … Jesus war erstaunt, als er das hörte, und sagte zu denen, die ihm nachfolgten: Amen, das sage ich Euch: Einen solchen Glauben habe ich in Israel noch bei niemand gefunden. (Matthäus 8,8.10)

Es ist schwierig, Menschen auf eine Reise mitzunehmen, wenn sie nicht gerne reisen. Bei der Firmvorbereitung begegnen viele von uns Jugendlichen, die noch nicht bereit sind. Anstatt sie herauszufordern, sich zu entscheiden, lassen wir sie irgendwie mitlaufen. Schließlich machen wir Kompromisse bei den fundamentalen Werten unseres Konzepts, würdigen die Feier des Sakraments herab und schaffen uns dadurch zusätzliche Arbeit und Last.

Als ich aufgefordert wurde, mich neben der Pastoral für die Mittelschule auch noch um die Jugendlichen der Oberstufe zu kümmern, dachte ich mir nichts dabei.

Ich erinnere mich, dass ich darin kein Problem sah, da ja die Seelsorge für die Mittelschule wesentlich chaotischer sei als in der Oberstufe.

Ich hatte Recht. Aber dieses Chaos ist mir immer noch lieber, als die Anspannung, die ich vor meinem ersten Abend in der Oberstufe empfand. Alle waren verpflichtet, an unserem Programm teilzunehmen. Sie mussten jede Woche unterschreiben, als Beweis, dass sie zu mindestens 80% teilgenommen hatten. Das bedeutete, die meisten von ihnen war nur dabei, weil sie mussten. Es gab einige wenige, die freiwillig kamen. Aber die blieben leider nicht besonders lange. Der Grund dafür war, dass auch sie diese Anspannung spürten. Diejenigen, die da sein mussten, wollten das nicht, und sie machten aus ihren Herzen keine Mördergrube.

Jedes Mal, wenn ich bei ihnen war, traf ich auf drei verschiedene Reaktionen: 1. Blicke, die förmlich schrien *„Warum tust du mir das an?“* 2. Köpfe auf den Tischen. 3. Aktive Opposition. Die Jugendlichen gähnten, seufzten, husteten oder machten irgendwelche Geräusche, um mich wissen zu lassen: *„Es ist soooo langweilig!“*

Verstehen Sie mich nicht falsch. Es gab auch Jugendliche, die das Sakrament der Firmung empfangen wollten. Sie trauten sich nur nicht, das öffentlich zu zeigen, da jedes Zeichen von Begeisterung oder Ermutigung ein Verstoß gegen das ungeschriebene Gesetz war. Ich versuchte alles, um Schwung in die Sache zu bringen. Ich versuchte jede Aktivität, die ich auch in der Mittelstufe ausprobiert hatte. Ich versuchte, einzeln mit ihnen zu sprechen, um sie für die Leitung zu gewinnen, in der Hoffnung, dass sie mich unterstützen würden. Wie sehr ich mich auch anstrengte, das Programm zu verbessern – ich traf ständig auf Widerstand. Zwei Dinge wurden schnell sichtbar: Das System ist kollabiert und viele der Jugendlichen wollten eigentlich gar nicht mitmachen.

Ich hatte gesagt, dass es viele Systemfehler in der Firmvorbereitung gibt und dass das Problem nicht bei den Menschen zu suchen ist. Aber eine der Hürden, die es zu überwinden gilt, ist die Tatsache, dass Jugendliche zu uns kommen, die noch nicht bereit für das sind, wozu wir sie auffordern. Und obwohl sie nicht bereit sind, schieben wir sie irgendwie durch. So erzeugen wir eine für alle Beteiligten negative Erfahrung.

Den Empfang des Sakraments sollten wir nicht verweigern, es sei denn aus schwerwiegenden Gründen. Wir können und sollen dabei helfen, Menschen für den Empfang des Sakraments vorzubereiten und zwar so, dass wir die persönliche Lebenswirklichkeit aller und ihren Glaubensweg ernst nehmen. Unsere Aufgabe ist es sicherzustellen, dass sie bereit sind: Dass sie die Bedeutung des Sakraments verstehen und dass ihre Herzen offen für eine tiefere Beziehung mit Christus sind. Wie können wir den Jugendlichen helfen herauszufinden, wann sie bereit sind, ihre Herzen zu öffnen und mit der Firmvorbereitung zu beginnen?

Inzwischen melden sich in unserer Pfarrgemeinde die Jugendlichen nicht einfach zur Firmvorbereitung an. Sie bewerben sich darum. Wir sind der Meinung, dass ein Bewerbungsverfahren wichtig ist, weil es eine gewisse Förmlichkeit mit sich bringt. Diese bringt Menschen dazu innezuhalten und darüber nachzudenken: „*Mache ich das, was ich wirklich tun will?*“ Dieses Verfahren ist nicht schwierig, aber ich vermute, dass es ausgefeilter als in den meisten anderen Pfarren ist.

Bewerbung zur Firmvorbereitung

I: Kontaktinformationen

Zunächst sammeln wir grundlegende Informationen wie Name, Adresse, Telefonnummer und E-Mail-Adresse. Wir fragen sowohl die Jugendlichen als auch ihre Eltern, auf welche Weise wir bevorzugt mit ihnen in Kontakt treten sollen. Da wir verschiedene Kommunikationsmittel nutzen, wollen wir wissen, ob sie einen Anruf, eine SMS oder ein E-Mail bevorzugen. Wir wollen nicht, dass einige Informationen nicht erhalten, weil sie nicht regelmäßig in ihre Mailbox schauen.

II: Aufsätze von Jugendlichen und Eltern

Im nächsten Schritt gehen wir etwas tiefer und bitten die Jugendlichen und deren Eltern, einen Aufsatz von 500 Wörtern zu schreiben und eine von zwei Fragen zu beantworten. Die Jugendlichen wählen eine dieser beiden Fragen aus:

1. Welche Art von Christ oder Christin möchtest Du in Zukunft sein?

Der Sinn dieser Frage ist, dass wir eine Vorstellung davon bekommen, was es für diese jungen Menschen bedeutet, die Jüngerschaft Jesu zu leben. Wenn wir Jünger und Jüngerinnen für Jesus gewinnen wollen, müssen wir wissen, was ihre Vorstellung davon ist bzw. ob sie überhaupt darüber nachgedacht haben.

2. Welche Schritte musst Du tun, um Gott näher zu kommen?

Wir stellen den Jugendlichen diese Frage, um eine

Vorstellung davon zu bekommen, wie ihre Beziehung mit Gott aussieht. Die meisten von ihnen werden zum ersten Mal mit dieser Frage konfrontiert. Die Antwort darauf hilft uns zu erfahren, welche Ziele die Jugendlichen sich setzen wollen. Wir erfahren, was ihrer Meinung nach am wichtigsten ist, wenn man eine Beziehung mit Christus hat.

Die Eltern wählen eine dieser beiden Fragen aus:

1. Haben Sie mit Ihrem Kind über die Bedeutung des Sakraments gesprochen?

Wir nehmen nicht an, dass Eltern und Jugendliche dieselbe Vorstellung von Firmvorbereitung haben. Selbst wenn sie eine gute gemeinsame Gesprächsbasis haben, wissen wir, dass der Zugang Erwachsener ein anderer ist. Mit dieser Frage wollen wir verstehen, wie sie darüber sprechen. Wir interessieren uns für die Ansichten, die die Vorstellung der Jugendlichen zur Firmvorbereitung beeinflusst haben.

2. Was erhoffen Sie sich bzw. was ist Ihre Vision für Ihr Kind nach dem Empfang des Sakraments?

Mit der Beantwortung dieser Frage erfahren wir, was Eltern sich für ihre Kinder wünschen. Die Antworten variieren von *„Ich möchte, dass mein Kind mehr über die Kirche lernt“* bis *„Das ist die letzte Chance, meinem Kind etwas von Gott zu erzählen“*. Ich liebe diese Frage, weil wir dadurch die Ängste, Hoffnung und Träume der Eltern für ihre Kinder kennenlernen.

Wir bitten die Jugendlichen und Eltern, einen Aufsatz zu schreiben, weil wir genau wissen wollen, wo sie stehen. Wir wollen mehr über ihre Lebens- und Arbeitsumstände und ihr Glaubensleben erfahren. Die Aufsätze haben nicht den Zweck Wissen abzufragen, sondern einen Einblick in ihr Leben zu erhalten.

Nach einigen Jahren werden Sie unterscheiden können, wann Eltern und Jugendliche etwas schreiben, was Sie hören wollen und wann sie schreiben, was sie selbst Ihnen mitteilen wollen. Am Beginn hatten wir manchmal Widerstand gegen die Aufsätze, aber nachdem wir unsere Absichten erläutert hatten, gab es Zustimmung bei Eltern und Jugendlichen. Mittlerweile sind sie engagierter, weil sie erkennen, dass jemand wirklich etwas über sie wissen möchte. Wenn wir wissen, wo die Leute stehen, ist es leichter für uns, auf sie einzugehen und ihnen beim nächsten Schritt zu helfen.

III: Patenschaften und Firmnamen

Paten und Patinnen

Mein Firmpate war mein Onkel Bobby. Ich war gesegnet mit Onkeln und Tanten, die offen ihren Glauben bekannten. Einer der Gründe, warum ich meinen Onkel wählte, war, dass er mich teilhaben ließ daran, wie Gott in seinem Leben wirkte. Zu dieser Zeit wusste ich, dass ich über Gott und die Kirche mit derselben Begeisterung sprechen wollte wie er.

Während der Firmvorbereitung erwarten wir in Nativity von den Paten und Patinnen nicht viel. Wir bitten sie nur, sich ab und zu bei ihrem Patenkind zu melden und es in ihre Gebete einzuschließen, um die Entscheidung der Jugendlichen zu stärken und zu schärfen. Sie sollen besser verstehen, was Patenschaft bedeutet.

Dazu haben sie die Mentoren und Mentorinnen als Vorbilder, die sie während der Vorbereitungszeit begleiten und dazu von der Pfarrgemeinde ausgewählt und vorbereitet worden sind. Patenschaft bedeutet, einen besonderen Platz im

Leben der zu Jugendlichen haben. Bei der Firmung stehen sie hinter ihnen und begleiten sie dann die kommenden Jahre hindurch. Meist bleiben die Jugendlichen bei den Personen, die sie im Bewerbungsformular angegeben haben. Viele wählen auch nach dem Vorbild Ihrer Mentoren und Mentorinnen jemand anderen aus. Uns liegt daran, den Namen der Person für die Patenschaft gleich zu Beginn zu erfahren, damit der gegenseitige Austausch möglichst früh beginnen kann. Wenn jemand noch niemanden hat, ist das in Ordnung und wir kommen später darauf zurück.

Firmnamen

Ich hatte keine Ahnung, welchen Firmnamen ich wählen sollte und musste mich bald entscheiden. Meine Mutter flehte mich an, einfach irgendeinen Namen zu wählen. So beschloss ich, das zu tun, was alle tun: ich spielte „Bibelroulette". Ich dachte – in meiner unendlichen jugendlichen Weisheit –, dass das Aufschlagen einer beliebigen Seite der Bibel mir den Namen offenbaren würde, den Gott für mich wollte. Beim ersten Mal war es Jesus. Meine Mutter überzeugte mich davon, dass das nicht angemessen sei und dass meine Strategie nicht sehr klug war. Beim Namen stimmte ich mit ihr überein, doch ich versuchte es noch einmal. Ich schlug die Bibel bei Ezechiel auf und wusste gleich, dass das der richtige Name war. Ich wusste nicht, warum; ich hatte das Buch Ezechiel noch nie gelesen. Zu diesem Zeitpunkt wusste ich nicht einmal, dass Ezechiel ein Prophet im Alten Testament war. Aber etwas in meinem Herzen sagte mir, dass das der richtige Name für mich sei.

Nicht besonders weise war es, wie ich dazu kam, aber ich bin sehr froh, dass es dieser war. Nachdem ich die Geschichte von Ezechiel kennengelernt hatte, wurde mir klar, dass Gott mir schon früh mitteilte, dass ich eines Tages vor Jugendlichen sprechen sollte und dass sich das oft so anfühlen würde, wie für Ezechiel, der zu den vertrockneten Gebeinen sprach!

Jugendliche wählen ihre Firmnamen aus unterschiedlichen Gründen. Bei ihrer Bewerbung fragen wir danach, um einen Austausch darüber zu eröffnen. Wir fragen sie, warum der Name für sie eine Bedeutung hat. Ob sie den zuerst vorgeschlagenen Namen dann behalten, ist nicht so wichtig, solange sie wissen warum. Natürlich müssen sie nicht unbedingt einen Firmnamen wählen. Im Ritus der Firmung ist das nicht vorgesehen, aber es ist eine Tradition, die die Jugendlichen mögen. Außerdem bietet das eine großartige Gelegenheit, um mit ihnen über Vorbilder zu sprechen und über ihre Beziehung zu Gott.

IV: Verpflichtungserklärung

Um das Sakrament zu schützen, lassen wir sowohl die Jugendlichen als auch die Eltern eine Verpflichtungserklärung unterschreiben. Darin stehen auch unsere Erwartungen an die Jugendlichen und Eltern. Wir wollen, dass sie über den Weg, der vor ihnen liegt, nachdenken und ehrlich die Frage beantworten: *„Bin ich bereit für den nächsten Schritt?"*

Wir wissen, dass die Jugendlichen im Laufe der Firmvorbereitung auf unterschiedlichste Weise herausgefordert werden: durch Zeitpläne, Stress und Zweifel. Es gibt Jugendliche, die einen geliebten Menschen verlieren. Es gibt Eltern, die sich scheiden lassen und Familien, die mit unglaublichen Schicksalsschlägen zu kämpfen haben. Wir wissen, dass ihre Selbstverpflichtung immer wieder auf die Probe gestellt wird und bitten sie nur, zu versuchen, ihr Bestes zu geben und uns auf dem gemeinsamen Weg zu vertrauen.

Wir trachten danach, unser Bewerbungsverfahren zu verbessern. Mittlerweile verwenden wir nur noch Online-Formulare. Wir fragen uns ständig, ob wir wirklich alle nötigen Informationen erhalten.

Wenn Sie die richtigen Leute in Ihrer Firmvorbereitung haben wollen, können Sie sich nicht nur auf die Bewerbung verlassen. Das ist lediglich ein Werkzeug, um die Menschen dort abzuholen, wo sie stehen. Wir bekommen die richtigen Leute, indem wir eine Kultur und eine Atmosphäre schaffen, in der die Menschen wissen, dass es kein Müssen gibt. Ich weiß nicht genau, warum es so anziehend ist, das zu hören. Vielleicht nehmen wir damit eine Bürde von ihnen. Vielleicht helfen wir den Jugendlichen, zu erkennen, dass sie selbst die Kontrolle über diesen Weg haben und dass Gott sie so sehr liebt, dass er ihnen einen freien Willen geschenkt hat. Die Veränderung wird in den Aufsätzen sichtbar.

Am Anfang bekamen wir von Eltern und Jugendlichen Antworten wie aus dem Lehrbuch, z. B.: *„Ich möchte in meinem Glauben als erwachsen und reif angesehen werden“*. Das sind zwar großartige Antworten, aber sie sind nicht persönlich. Je mehr wir Eltern und Jugendlichen das klarmachten, desto persönlicher wurden die Antworten: *„Ich möchte wirklich wissen, was Gott mit mir/mit meinem Kind vorhat.“* Wenn Sie diese Antworten lesen, werden Sie den Firmvorbereitungsweg mit größerer Motivation beginnen..

Motivierte und engagierte Jugendliche bringen Enthusiasmus in Ihr Team und in die Firmvorbereitung. Sie verändern sogar die Pfarrgemeinde und fordern sie heraus, eine Bewegung von Jüngern und Jüngerinnen zu werden.

In Kürze: Beantworten Sie bei der Konzeption Ihrer Firmvorbereitung die Frage: Wie finden wir die Jugendlichen, die wirklich bereit sind? Richten Sie die Anmeldemodalitäten danach aus. Überdenken Sie die Fragen, die Sie stellen müssen, um die Informationen zu bekommen, die Sie brauchen. Wie können Sie Menschen bewusst machen, dass eine Beziehung mit Gott eine Entscheidung ist, die zum besten Leben führt, das man sich vorstellen kann?

6. Nie mehr Schule

Was Du vor vielen Zeugen von mir gehört hast, das vertraue zuverlässigen Menschen an, die fähig sind, auch andere zu lehren! Leide mit mir als guter Soldat Jesu Christi! (2 Timotheus 2,2 – 3)

Je mehr Erkenntnis, Wahrheit und Weisheit junge Menschen bekommen, desto stärker wird ihr Glaube werden. Leider hatten wir unsere Hoffnungen zu oft in einen Lehrplan, in eine kleinen Broschüre oder in ein tolles Video gesetzt, von denen jemand versprochen hatte, dass das ihren Glauben formen wird. Um tiefe und lebensverändernde Wahrheit zu teilen, brauchen Sie Männer und Frauen, die Gott lieben und die sich leidenschaftlich um die nächste Generation sorgen. Sie brauchen treue Erwachsene, die die jungen Menschen auf dem Weg zu reifer Jüngerschaft begleiten wollen und können.

Ich erinnere mich nicht an die Inhalte meiner eigenen Firmvorbereitung. Aber ich erinnere mich an meine Lehrerin Mrs. Smith. In meinen Augen ist sie eine Heilige. Mit meinem pubertären und unreifen Verhalten hatte sie wohl ziemlich zu kämpfen. Jede Woche ließ sie uns voller Begeisterung an ihrer Beziehung zu Gott Anteil haben und stand uns treu als Lehrerin und Begleiterin auf unserem Glaubensweg bei.

Wenn Sie darüber nachdenken, wie sich Ihr Glaube entwickelt hat, werden Sie sich wahrscheinlich an Menschen oder Gruppen erinnern, die Ihnen gezeigt haben, wie ein Leben in der Jüngerschaft Jesu Christi sein kann. Es gab Menschen, die Sie inspirierten, herausforderten oder beeinflussten, in Ihrem Glauben tiefer zu gehen. Selbst wenn ich es nicht verdient hatte, begegnete sie mir mit Respekt und zeigte mir Gottes Liebe. Obwohl ich froh war, als die Vorbereitung zu Ende ging, vermisste ich sie.

Wenn Sie Firmvorbereitung planen, brauchen Sie Menschen, die sich verpflichten, viel zu investieren und die verstehen, dass Jugendliche nicht perfekt sind. Jugendliche werden sich mehr auf Erwachsene einlassen, wenn sie deren Begeisterung spüren. Das bedeutet nicht, dass Sie naiv und energiegeladen sein müssen, es bedeutet, dass sie lieben, was sie lehren und lieben, wen sie lehren.

Firmvorbereitung braucht Männer und Frauen, die nicht nur lehren, sondern die sich die Zeit nehmen, einem jungen Menschen zuzuhören, schwierige Fragen zu diskutieren, aber auch Freude miteinander zu teilen. Für mich war Pater Al Bischoff, ein Jesuit an der Xavier University- unter uns Pater B genannt -, so ein Mensch. Ich lernte ihn am College kennen, als ich schon gefirmt war.

Nie werde ich vergessen, wie er lächelnd auf einer Bank vor dem Studentenheim saß, als ich eines Tages im Morgengrauen von einer Party heimkam. Zunächst vermutete ich, dass er mich dafür rügen würde, weil ich so spät heimkam, aber stattdessen begrüßte er mich: *„Schön, dich zu sehen, du Heiliger.“* Das nahm mir den Wind aus den Segeln, und statt Scham fühlte ich Liebe. Ich lächelte, sagte leise Hallo und ging auf mein Zimmer.

Ich erinnere mich, dass ich diese Begebenheit einem Freund erzählte, der mir sagte, dass das keineswegs ungewöhnlich für Pater B sei. Jeden Tag begrüßte er einzelne Studierende mit diesen Worten. Aber was sollte das? Er wusste doch, dass wir alles andere als Heilige waren.

Schließlich bekam ich die Gelegenheit, ihn danach zu fragen. Seine Antwort war unbezahlbar. Er sagte:

„Nun, wir alle haben das Potential, Heilige zu werden, und ich möchte, dass die Menschen das wissen. Außerdem habe ich ein schlechtes Namensgedächtnis.“

Pater B sah das Gute in mir, selbst, wenn ich es nicht konnte. Ich wollte wissen, was er sah und so beschloss ich, ihn näher kennenzulernen. Ich stellte ihm zunächst einfache Fragen zum Basketballteam der Universität und über das Studium. Mit der Zeit stellte ich tiefere Fragen und unsere Unterhaltungen veränderten sich. Als ich das Studium abschloss, betrachtete ich ihn als meinen Mentor, als jemanden, an den ich mich jederzeit wenden konnte, wenn ich nicht weiterwusste. Er war ein wundervoller Begleiter für mich, als mein Glaube in dieser Zeit reifer wurde.

Firmung ist für uns eine Gelegenheit, der nächsten Generation zu zeigen, dass alle das Potential haben, Heilige zu werden. Wenn Sie in einem Klassenzimmer sitzen und mit einem Lehrbuch arbeiten, dann steht der Inhalt im Mittelpunkt, nicht die Person. Auch wenn das, was Sie lehren, wichtig ist, ist jede Information nutzlos, wenn sie niemanden erreicht. Eine solide Firmvorbereitung braucht erwachsene Freiwillige, denen Jugendliche vertrauen und die sie respektieren. Wenn die Beziehung tragfähig ist, werden die Jugendlichen auch empfänglich dafür sein, was die Erwachsenen zu sagen haben.

Um diese tragfähigen Beziehungen zu unterstützen und der Schulatmosphäre zu entkommen, um den Inhalt so zu vermitteln, dass die Jugendlichen ihn annehmen, gibt es in Nativity mentorbasierte Kleingruppen.

Kleingruppen und Mentoring

Es gibt verschiedene Arten und Weisen, wie Sie Ihre Firmvorbereitung mehr als Beziehungsgeschehen gestalten können. Als ich die Verantwortung für die Firmvorbereitung in Nativity übernahm, gab es schon Kleingruppen. Sie bestanden aus sechs bis acht Jugendlichen und wurden von zwei Erwachsenen betreut, die dafür ausgebildet worden waren. Die Gruppen waren nach Geschlechtern getrennt und trafen sich wöchentlich.

Die Atmosphäre war locker: Es gab keine Lehrbücher, die Jugendlichen saßen auf Sofas, und Inhalte wurden in Form von Unterhaltungen weitergegeben. Unser Ziel war es, zu kommunizieren, dass dies etwas anderes als Schule war. Wir wollten, dass die Jugendlichen dasselbe Gefühl hatten, wie wenn sie sich mit Freunden und Freundinnen trafen.

Die Leitungsteams erhielten Materialien, die nicht einschüchtern oder überfordern. Es gab keine Lehrbücher und Arbeitshefte. Wir gaben ihnen Material, damit sie sich rechtzeitig vorbereiten konnten. Alles, was sie in die Gruppen mitbrachten, war ein weißes Blatt Papier mit einigen Fragen und Diskussionspunkten darauf. Wir wollten nicht, dass die Jugendlichen unterrichtet werden, sondern, dass sie sich miteinander unterhielten. Das Programm hatte einige Vorteile. Die Jugendlichen waren in Kontakt mit den Leitungsteams und bauten Beziehungen zueinander auf. In den Kleingruppen entwickelte sich eine gute Gemeinschaft, außer wenn es einen oder zwei Jugendliche gab, die nicht dabei sein wollten. Mit diesen versuchten wir außerhalb der Gruppe zu arbeiten.

Kleingruppen sind ein guter Startpunkt, wenn Sie Ihre Firmvorbereitung verändern möchten. Es wird leider aber auch Jugendliche geben, die Widerstand signalisieren. Wenn Sie diese nicht ins Boot holen können, hat das negative Auswirkungen auf den Rest der Gruppe.

Als wir begannen, uns auf die unwilligen Jugendlichen zu konzentrieren, gab es Fortschritte. Wir konnten mit ihnen über ihre Gefühle sprechen und ihnen dabei helfen, zu entscheiden, ob sie bereit für den Empfang des Sakraments waren oder nicht. Durch die Vier-Augen-Gespräche endeckten wir den Wert dieser Art von Beziehungen. Deshalb änderten wir das Kleingruppensystem zu einem Modell mit Mentoren und Mentorinnen. Damit war es uns möglich, besser auf die Bedürfnisse der Jugendlichen einzugehen und uns mehr um die stilleren Jugendlichen zu kümmern, die sich nicht mehr hinter den gesprächigeren aus ihrer Gruppe verstecken konnten.

Unser Ansatz ist ein 1:1-Konzept. Wir bringen Jugendliche mit Erwachsenen zusammen, die die Jüngerschaft Christi leben, ihren Glauben teilen und in die nächste Generation investieren wollen. Unsere Mentoren und Mentorinnen sind Vorbilder für das Patenamt und begleiten die Jugendlichen als lebendige Beispiele echter Jüngerschaft.

Mentoring und Patenschaft werden bei uns unterschieden. Das Mentoring soll die Jugendlichen modellhaft für die Beziehung zu ihren Paten und Patinnen vorbereiten. Das kann schwierig sein, weil zum Firmpatenamt häufig „Respektspersonen" ausgesucht werden, es wird dann eher zu einem Ehrenamt ohne Verantwortung. Fairerweise muss man sagen, dass es ja keine Ausbildung für das Patenamt gibt. Ideal wäre, wenn wir Paten und Patinnen gleichzeitig mit den Jugendlichen auf das Sakrament vorbereiten könnten.

Wenn Jugendliche sich jemanden auswählen, sollte diese Person ihre Aufgabe kennen. Aber wäre es nicht besser, den Jugendlichen beizubringen, wonach sie suchen sollen? Wenn das gelingt, dann geben Sie den Jugendlichen ein Werkzeug mit, das kein Lehrplan ersetzen kann. Sie geben ihnen einen Menschen, dem sie verantwortlich sein können und der ihnen dadurch hilft, im Glauben tiefer zu gehen und den Blick auf ihr Leben als Christen zu weiten.

Mentoring in der Praxis

Die Mentoren und Mentorinnen treffen sich in einem Zeitraum von acht Monaten mindestens sieben Mal alleine mit einem Jugendlichen. Wir haben versucht, den Zeitraum auszudehnen, aber festgestellt, dass das für beide Seiten zu viel war. Wenn sie sich öfter treffen wollen, ermutigen wir sie natürlich dazu.

Durch das Mentoring können wir uns stärker auf die Einzelnen konzentrieren. Wenn man sich zu zweit trifft, ist das viel intensiver, und man kann auch mehr besprechen. Die Jugendlichen können sich nicht hinter anderen aus der Gruppe verstecken und sich ohne Furcht vor Gleichaltrigen öffnen.

Die Idee von Vier-Augen-Gesprächen kann auch einschüchternd wirken. Es gibt Bedenken wegen des Jugendschutzes und wie von Seiten der Diözese die Sicherheit der Jugendlichen gewährleistet werden kann. Alle Mentoren und Mentorinnen durchlaufen die Sicherheitsüberprüfung und ein Kinder- und Jugendschutztraining. Alle brauchen persönliche Referenzen, am besten von unseren Mitarbeitern. Wir befragen auch alle anderen bisher im

Mentoring Engagierten. Wir fragen die möglichen Mentoren und Mentorinnen nach ihren Motiven und akzeptieren keine Erwachsenen, die sich mit Jugendlichen anfreunden wollen oder die der Auffassung sind, dass Jugendliche diszipliniert werden müssen. Wir nehmen Erwachsene, die sich selbst als Leiter und Leiterinnen für die nächste Generation sehen und wissen, warum ihr katholischer Glaube wichtig ist, und, dass das viel Arbeit bedeutet – Arbeit, die sich lohnt.

Wir suchen nach Erwachsenen, die nicht nur mit den Jugendlichen sondern auch mit den Eltern Kontakt aufnehmen – in einer partnerschaftlichen und freundschaftlichen Beziehung. Bevor die Vier-Augen-Gespräche beginnen, treffen sich alle gemeinsam bei einer Veranstaltung, die wir Meet Your Mentor nennen. Dieses Treffen dient als Eisbrecher, baut Vertrauen auf und bringt alle auf denselben Stand. Wenn es danach von Seiten der Eltern, Jugendlichen Bedenken bezüglich der Beziehung gibt, machen wir die nötigen Änderungen. Am Ende des Treffens wissen alle, was als Nächstes kommt und sie haben den Großteil ihrer Termine vereinbart.

Sobald die Mentoring-Treffen beginnen, kann man beobachten, wie die Jugendlichen sich öffnen und wachsen. Während dieser Zeit geht es vor allem um Glaubensinhalte, aber auch hier ist wichtig, wie sie vermittelt werden. Das Mentoring hat die Aufgabe, den Glaubensweg zu begleiten.

Manche Jugendliche wollen sich im Pfarrzentrum treffen, aber wir ermutigen sie dazu, sich an öffentlichen Plätzen zu treffen, z. B. in Cafés oder Restaurants. Wir hoffen, dass sie dadurch lernen, auch außerhalb von kirchlichen Gebäuden über den Glauben zu sprechen. Manchmal auch an einem Ort, der eine besondere Bedeutung für den Mentor oder die Mentorin hat.

Eine unserer Mentorinnen ist Küchenchefin. Sie fragt ihre Jugendlichen, ob es irgendwelche Gerichte gibt, die sie gerne kochen würden. Bei jedem der Treffen nutzt sie die Küche als „Unterrichtsraum" und bringt ihnen nicht nur Kochen bei, sondern auch Fähigkeiten für das Leben.

Ein anderer Mentor ist mit großer Leidenschaft Mitarbeiter in einer Sozialeinrichtung in Baltimore und nimmt Firmlinge gerne dorthin mit, damit sie Männer kennenlernen, die auf Entzug sind. Jedes Jahr plant er mindestens zwei solcher Treffen ein, lässt die Firmlinge mitarbeiten und diskutiert mit ihnen anschließend über Leben und Glauben.

Wir haben Mentoren und Mentorinnen, die mit den Firmlingen wandern gehen, andere, die den Firmlingen Andachtsbücher und anderes Material geben, um ihnen auf ihrem Glaubensweg zu helfen.

Unser Konzept ist unkonventionell, aber äußerst effektiv. Die Mentoren und Mentorinnen haben einen großen Einfluss auf die nächste Generation katholischer Jünger und Jüngerinnen. Wir sind froh, dass sie immer wieder kreative und neue Wege finden, um mit den Jugendlichen und deren Eltern in Kontakt zu kommen. Wir wollen erreichen, dass Glaubensweitergabe nicht Lernen wie in der Schule bedeutet und den Menschen zeigen, dass die Möglichkeiten, Jünger und Jüngerinnen für Jesus zu gewinnen, schier unbegrenzt sind.

Finden Sie ein Team

Ganz gleich, ob Sie ein Kleingruppensystem oder das Mentoring-Modell anwenden wollen: Sie brauchen die richtigen Leute, die in die Firmlinge investieren. Sie denken vielleicht, dass das äußerst schwierig ist, aber diese Menschen sind wahrscheinlich näher als Sie denken und es gibt in Ihrer Pfarrgemeinde sicher mehr davon, als Ihnen bewusst ist. Wenn Ihre Sonntagsmessen nicht gänzlich leer sind, gibt es Männer und Frauen in Ihrer Gemeinde, die Gott lieben, die den Nächsten lieben und die ihren Glauben lieben. Auf den ersten Blick sieht man es ihnen vielleicht nicht an, aber es gibt sie. Nach Männern und Frauen zu suchen, die bereit sind, als Mentoren und Mentorinnen zu dienen, mag entmutigend klingen, aber lassen Sie sich davon nicht einschüchtern.

Beten Sie für sie

Die Mentoren und Mentorinnen für Ihre Firmvorbereitung sind wichtige Menschen. Beten Sie für sie. Bitten Sie Gott, ihre Herzen zu bereiten, wenn sie gefragt werden. Bitten Sie Gott um Beistand, Gelegenheiten zu erkennen, wo Sie diese Menschen treffen können. Für sie zu beten, mag wie ein Klischee klingen, aber Sie wollen doch sicher sein, dass Sie Menschen finden, denen Sie vertrauen können. Sie vertrauen ihnen intensive Beziehungen mit Jugendlichen an und Sie wollen sichergehen, dass alle auf derselben Wellenlänge sind.

Seien Sie präsent

Die beste Gelegenheit, praktizierende katholische Gläubige zu finden, ist dorthin zu gehen, wo sie ihren Glauben praktizieren. Das bedeutet, dass Sie sonntags an der Kirchentüre stehen und die Leute begrüßen, die hereinkommen. Geben Sie ihnen die Hand, grüßen Sie sie hörbar und bauen Sie eine Verbindung auf. Mit der Zeit können Sie auch Unterhaltungen beginnen und die eine oder den anderen besser kennenlernen.

Sie werden nicht nur potentielle Mentoren und Mentorinnen finden, sondern die Menschen kennen sie dann auch und wundern sich später nicht, wer sie einlädt, bei der Firmvorbereitung mitzumachen.

Suchen Sie nach Empfehlungen

Warum probieren wir Dinge aus? Wir probieren etwas aus, weil es uns jemand empfohlen hat. Sie schauen sich einen bestimmten Film an, probieren ein Restaurant oder einen Yogakurs aus, weil Ihnen jemand erzählt hat: „Das war großartig – du musst das unbedingt probieren!"

Wenn Sie sich nicht trauen, einfach Menschen anzusprechen, bitten Sie Ihr Team, Ihren Pfarrer, Eltern und sogar die Jugendlichen selbst um Namen von Menschen, die für das Mentoring geeignet scheinen. Machen Sie deutlich, wonach Sie suchen, sodass die Menschen nicht einfach irgendwelche Namen nennen. Wenn Sie dann diese Person ansprechen, dann können Sie sagen, dass jemand sie empfohlen hat und sie deshalb gerne etwas über die Firmvorbereitung erzählen wollen. Wenn Menschen wissen, dass jemand sie empfohlen hat, stärkt das ihr Selbstvertrauen und hilft dabei, die Einladung auf persönlichere Weise zu hören.

Ein Team zu finden braucht Zeit. Seien Sie nicht ungeduldig. Finden Sie die richtigen Leute.

Wenn Sie mit einem Mentoring-Programm starten, könnte das überfordernd sein. Sie fragen sich vielleicht, wie Sie genug Leute für alle Jugendlichen finden sollen.

Wenn Sie wirklich nicht genügend finden, dann starten Sie zunächst mit dem Kleingruppenmodell. Kleingruppen haben uns dabei geholfen, die richtigen Menschen zu finden, unsere Kultur zu verändern und langsam, aber sicher, genügend Leute für das 1:1-Modell zu finden.

Ausbildung

Mentoren und Mentorinnen für die nächste Generation zu sein, klingt gleichzeitig einfach und entmutigend. Um sie zu unterstützen und ihnen das nötige Selbstvertrauen zu geben, sich mit den Jugendlichen zusammenzusetzen und sie im Glaubenswachstum zu stärken, bilden wir sie gut aus. Wir legen den Schwerpunkt auf drei Bereiche:

Gemeinschaft

Ein Gemeinschaftsbewusstsein unter den Mentoren und Mentorinnen entsteht durch das Eins-zu-Eins-Konzept nicht von selbst. Daher stellen wir sicher, dass sie einander bei Trainings- und Teamtreffen kennenlernen. Sie sollen wissen, wer außer ihnen mitarbeitet, damit sie sich aufeinander verlassen können. Wir achten darauf, dass sie Zeit miteinander verbringen, sodass sie sich gegenseitig unterstützen können. Dazu engagieren wir externe Coaches. So können wir ihre Bedürfnisse besser verstehen und auf sie eingehen.

Kommunikation

Weil viele unterschiedliche Menschen in der Firmvorbereitung mitwirken, helfen wir unseren Mentoren und Mentorinnen, die Wichtigkeit der Kommunikation zu verstehen. Ohne Kommunikation untereinander bricht das

Mitarbeiterteam auseinander. Wir möchten, dass sie nicht nur mit den Firmlingen in Kontakt sind, sondern auch mit den Eltern, Paten und Patinnen sowie miteinander. Je besser sie miteinander im Austausch sind, desto geringer ist die Gefahr von Missverständnissen. Wirklich fruchtbar ist es, mit der ganzen Familie zusammenzuarbeiten, um den Kindern eine tiefere Beziehung mit Jesus zu ermöglichen.

Vision

Manchmal ist es kompliziert, mit den Firmlingen gemeinsame Termine zu finden. Es kann vorkommen, dass sie selbst mit Herausforderungen in ihrem Glaubensleben zu kämpfen haben. Wir wollen, dass die im Mentoring engagierten Männer und Frauen wissen, warum ihr Dienst so wichtig ist: Sie säen Samen aus, der vielleicht einige Jahre lang keine Frucht bringen wird. Trotzdem lohnt sich ihr Einsatz. Um sie daran zu erinnern, teilen wir Geschichten wie diese mit ihnen:

Lieber Bischof Madden,

in diesem Brief möchte ich ganz offen zu Ihnen sein. Ich sehe keinen Grund, um zu lügen oder etwas zu erfinden. Der Brief wird auch sehr persönlich werden. In den letzten Jahren ging es in meinem Glaubensleben immer wieder auf und ab. Manchmal scheint es mir, als hätte es mehr Tiefs als Hochs gegeben. Es war zumindest ein sehr interessanter Weg für mich.

Als ich mit der Firmvorbereitung begann, war ich nicht wirklich gläubig. Ich wusste, dass es eine höhere Kraft dort oben gab, aber ich wusste nicht – und es kümmerte mich auch nicht – was das war. Ich wollte mich nur firmen lassen, um meine Eltern glücklich zu machen. Ich wollte weder mit der Kirche noch mit Gott etwas zu tun haben.

Bei meiner Reise nach Steubenville verstärkte sich dieses Gefühl nur noch.

Auf dieser Reise war ich mit einem Mädchen im Zimmer, dessen Namen ich nicht nennen möchte. Meine drei Zimmerkolleginnen und ich hatten eines Abends ein sehr tiefgehendes und persönliches Gespräch über Religion. Wenn ich ehrlich bin, hielt ich mich damals für eine Atheistin. Ich glaubte nicht an Gott, ich wollte nichts mit Gott zu tun haben und ich wollte schon gar nicht an dieser Fahrt teilnehmen, wo ich jeden Tag etwas über Gott hörte. Das teilte ich auch meinen Zimmerkolleginnen mit. Zwei von ihnen sagten mir ganz offen, dass sie hofften, dass ich meinen Glauben wiederfinden würde. Die dritte konnte meinen Zweifel am Glauben gar nicht gutheißen. Sie ließ mich wissen, dass mein Leben sich verschlechtern würde und dass Gott mich dafür strafen würde, dass ich nicht an ihn glaubte. Sie gab mir nicht einmal die Chance, zu erklären, was ich meinte. Nachdem sie mir das gesagt hatte, sah sie mich an als ob ich eine ansteckende Krankheit hätte und schloss mich aus der Unterhaltung aus.

Lassen Sie mich erklären, warum ich solche Gefühle der Religion gegenüber hegte. Ich hatte kürzlich wirklich viel durchgemacht und ich dachte mir: „Wenn Gott sich wirklich um mich sorgen würde, dann wäre mir das alles nicht passiert.“ Hier eine kurze Zusammenfassung dessen, was mir passiert war: Meine Mutter hat multiple Sklerose, es wurde immer schlimmer. Meine Tante hatte große Probleme mit ihrem Rücken. Meine Großmutter war im Krankenhaus. Eine gute Freundin hatte versucht, sich das Leben zu nehmen. Und ich war einfach nur depressiv und hatte furchtbare Angst. Ich hatte schon die Hoffnung aufgegeben, dass sich etwas zum Guten wenden könnte, und mein Glaube war verflogen. Warum tat Gott das meiner Familie und mir an?

Zurück zu unserer Fahrt im Sommer: Mein Leben wurde noch schlechter, so wie es meine Zimmerkollegin gesagt hatte. Ich konnte nur daran denken, wie schlecht mein Leben war und wie sehr ich die Kirche hasste. Ich versuchte mir das Leben zu nehmen und landete in einem psychiatrischen Krankenhaus, wo ich einen Monat lang bleiben musste. Nachdem ich eine Überdosis überlebt hatte, wurde mir klar, dass Gott sich um mich kümmert. Mein Ärger über die Kirche wurde weniger, und ich ärgerte mich auch weniger über mich selbst. Ich begann wieder zur Messe zu gehen und zu beten. Langsam bekam ich meinen Glauben zurück. Ich wollte mich aber immer noch nicht firmen lassen. Bis ich meine Mentorin Lisa traf.

Lisa ist wahrscheinlich eine der verständnisvollsten und hilfsbereitesten Frauen, die ich je getroffen habe. Als ich ihr meine Vorbehalte gegenüber Gott und der Religion erklärte, verstand sie mich. Sie unterstützte mich auf unglaubliche Weise auf meinem Weg zur Firmung und ich freue mich gerade riesig auf den Firmgottesdienst. Lisa half mir zu erkennen, was ich davon erhoffen soll und zu verstehen, dass Gott Schicksalsschläge zulässt, um unsere Stärke und unseren Glauben zu prüfen. Ich habe nun neu Vertrauen in Gott gefunden und bin so gespannt darauf, was er mit mir noch vorhat.

Das war mein interessanter und verrückter Weg in der Firmvorbereitung. Wie ich schon sagte, freue ich mich schon sehr auf die Firmung, und ich kann es kaum erwarten, meine Beziehung mit Gott zu verbessern.

Dieser Brief zeigt uns, dass sich das Leben von Jugendlichen sehr verändern kann, aber er zeigt uns auch, welch großartige Dinge Gott durch unsere Mentoren und Mentorinnen wirken kann. Wenn die Jugendlichen ihre Vision, ihre Hingabe und ihren Dienst sehen, wird die nächste Generation ebenso standhaft und verlässlich sein.

7. Werkzeuge statt Lehrbücher

Kommt alle zu mir, die ihr mühselig und beladen seid! Ich will Euch erquicken. Nehmt mein Joch auf Euch und lernt von mir; denn ich bin gütig und von Herzen demütig; und ihr werdet Ruhe finden für eure Seele. Denn mein Joch ist sanft und meine Last ist leicht. (Mt 11, 28-30)

Wenn Sie Ihr Team gefunden haben, müssen Sie sich darum kümmern, dass die Leute für den Weg, der vor ihnen liegt, gut ausgerüstet sind. Dabei geht es nicht nur darum, was sie wissen, sondern wie sie es der nächsten Generation vermitteln.

Mein erstes Auto werde ich nie vergessen. Es war ein weißer Toyota Camry, und ich nannte es Cynthia. Ich liebte Cynthia, weil sie für mich Freiheit bedeutete. Ich war nicht länger abhängig von anderen, die mich von A nach B brachten. Ich brauchte es nicht mit meiner Schwester oder meiner Mutter zu teilen. Ich hatte mein eigenes Auto und ich konnte damit alles tun, was ich wollte, ich konnte es sogar reparieren.

Als ich das erste Mal einen platten Reifen hatte, dachte ich, dass ich das selbst wieder hinbringen würde. Niemand hatte mir je gezeigt, wie man einen Reifen wechselt, also nahm ich die Gebrauchsanweisung aus dem Handschuhfach und dachte, dass das ja wohl nicht so schwer sein konnte.

Es war eigentlich einfach:

1. Nehmen Sie den Wagenheber, den Reifenmontierhebel und den Reservereifen aus dem Kofferraum.
2. Lösen Sie die Radmuttern des platten Reifens mit dem Reifenmontierhebel.
2. Lösen Sie die Radmuttern des platten Reifens?
2. Lösen Sie die Radmuttern des platten Reifens!

Aus irgendeinem Grund kam ich nicht über Schritt 2 hinaus und war total verwirrt. Ich las noch einmal nach. Ich hatte doch alle Anweisungen Wort für Wort befolgt, also was war los?

Da saß ich nun am Straßenrand, war verwirrt und kratzte mich gerade am Kopf, als jemand vorbeikam und fragte, ob ich Hilfe brauchte. Ich bejahte.

Auch er versuchte sich an Schritt 2 mit demselben Ergebnis. Er sagte: *„Ich glaube, Sie brauchen etwas WD40.“ „Was?“* fragte ich. Und er sagte: *„Ihre Radmuttern sind anscheinend ein wenig rostig. Ihnen fehlt nur etwas Kriechöl, um sie zu lockern. Ich bringe es Ihnen.“*

Er ging zu seinem Kofferraum, nahm eine Dose heraus und besprühte die Radmuttern. Einige Minuten später konnte ich Schritt 2 ohne Probleme durchführen und meinen Reifen wechseln.

Im leeren Raum ist das Leben einfach, aber die Wirklichkeit ist viel härter. Viel zu oft vermitteln wir in der Katechese etwas, das einfach sein sollte. Die Wahrheit ist aber, dass das Leben ein Durcheinander ist. Es ist kompliziert. Wenn wir den Firmlingen die Wahrheit vermitteln, sollen sie diese auch auf ihr Leben anwenden können, auch wenn es herausfordernd ist. Es geht nicht darum, ihnen Informationen zu vermitteln, es geht darum ihnen zu zeigen, wie man sie anwendet.

Die Hürden, mit denen Jugendliche in ihrem Glauben zu kämpfen haben, sind vielfältig. Jugendliche werden vielfältig herausgefordert:

- Freunde und Freundinnen, die etwas anderes glauben
- Ein dramatisches Erlebnis, das sie in den Grundfesten erschüttert (z. B.: Tod oder Scheidung)
- Ein dichter Zeitplan, der sie davon ablenkt, sich auf Gott zu konzentrieren
- Versuchungen, die sie davon überzeugen, dass ihre eigenen Wünsche an erster Stelle kommen
- Ständiger Druck, sich auf weltlichen Erfolg und Sicherheit zu konzentrieren

Wir müssen die Jugendlichen mit dem richtigen Werkzeug ausstatten, damit sie mit der herausfordernden Wirklichkeit des Lebens im 21. Jahrhundert zurechtkommen.

Im Dokument *„Seal of the Spirit“* der Erzdiözese Baltimore lesen wir dazu:

„Die unmittelbare Firmvorbereitung muss im Kontext der lebenslangen Katechese und der Katechese der Heranwachsenden gesehen werden. Es ist nicht die richtige Zeit, um die Last aller für Erwachsene wichtigen Informationen und Wege der Glaubensbildung auf die Firmlinge zu laden. Die Kandidaten und Kandidatinnen sollten gut vorbereitet und informiert sein, im Hinblick auf die Teilnahme an der Firmung, die Symbole und die Wirkung des Ritus.

Der Schwerpunkt soll auf dem Abschluss der christlichen Initiation und auf aktiver Mitarbeit in der Gemeinschaft der Kirche liegen. Die Jugendlichen sollen eingeladen werden, die Jüngerschaft Jesu in der Welt zu leben. Wie bei jeder Katechese soll der Schwerpunkt auf Jesus liegen, Beispiele aus der Heiligen Schrift sollen herangezogen werden und die Jugendlichen sollen eingeladen werden, eine tiefere Beziehung mit ihm zu haben und ihm im alltäglichen Leben immer ähnlicher zu werden." (Seal of the Spirit, 14)

Firmvorbereitung soll nicht irgendein Unterricht sein, den die Firmlinge über sich ergehen lassen müssen. Sie sollte so etwas wie eine praktische Lehrzeit sein, wie man in und außerhalb der Pfarrgemeinde leben kann. Der erste Schritt für uns dabei war, dass wir auf Lehrbücher verzichteten und uns auf praktisches Handwerkszeug konzentrierten.

Wir begannen zunächst mit Werkzeugen zur Jüngerschaft für das geistliche Wachstum von Jugendlichen von Pastor Doug Fields. Diese Werkzeuge zur Jüngerschaft sind:

- Zeit mit Gott verbringen
- Verantwortung für andere Glaubende übernehmen
- Bibelstellen auswendig lernen
- In die Kirche eingebunden sein
- Finanziell beitragen (durch den „Zehnten")
- Mit der Heiligen Schrift leben

Diese ersten Werkzeuge waren auf einer CD mit Anweisungen, Anregungen zum Gebet und Hilfen zu jedem dieser Werkzeuge, z.B. Bibelstellenvorlagen, die die Jugendlichen auf einem Schlüsselanhänger anbringen konnten und so auswendig lernen konnten. Die Jugendlichen erhielten praktische Aneignungsformen, um sich auf ihrem Glaubensweg weiterzuentwickeln. Um diese Werkzeuge für uns als Katholiken fruchtbarer zu machen, haben wir dann noch die Sakramente hinzugenommen.

Daraus konnten wir auch Impulse und Beispiele für die Eins-zu-Eins-Gespräche entwickeln. Die Mentoren und Mentorinnen konnten sagen: *„Schau, so bete ich, versuch das doch auch einmal."* Mit der Zeit haben sie auch anderes eingebracht, wie z. B. die Lectio Divina und weitere Gebetsformen aus dem reichen Schatz geistlichen Lebens.

Einige mögen der Meinung sein, es sei besser, die Jugendlichen geschichtlich und inhaltlich zu unterweisen, aber unsere Auffassung ist, dass diese Werkzeuge sie dazu ermutigen, selbständiger im Glauben zu werden. Sie sind leicht zu merken und leicht zu vermitteln. Wir konnten feststellen, dass die Jugendlichen schon begonnen hatten, sie mit ihrem eigenen Leben zu verbinden: Sie fragten nach Bibeln, entdeckten die Sakramente und einige haben angefangen, in verschiedenen Diensten mitzuarbeiten.

Heute haben wir diese Werkzeuge zu konkreten Schritten weiterentwickelt:

- Dienen in Pastoral und Mission
- Den Zehnten geben in Opferbereitschaft
- In Kleingruppen Beziehungen pflegen
- Leben aus Gebet und Sakramenten
- Hingabe und Gastfreundschaft

Warum haben wir das geändert? Bis dahin hatten wir Kindern, Erwachsenen und Jugendlichen abgesehen von kleinen Unterschieden etwas Ähnliches vermittelt. Aber dann erkannten wir die Notwendigkeit, eine Pfarrgemeinde mit einer Botschaft zu werden, wenn wir Menschen für die Jüngerschaft Jesu gewinnen wollen, die ihrerseits andere in die Jüngerschaft Jesu führen sollen.

Um dieses Ziel zu erreichen, fragten wir uns: Was sind die den Jüngern und Jüngerinnen eigenen Verhaltensweisen? Was ist nötig, um diese Verhaltensweisen zu fördern? Was muss verändert werden, damit in allem, was wir tun, diese Verhaltensweisen sichtbar werden?

Nachdem wir diese Schritte formuliert hatten, fingen wir damit an, diese auf alle pastoralen Felder anzuwenden. Wir wussten, dass wir mit der Entwicklung dieses Jüngerschaftswegs – konsequent auf die ganze Pfarrgemeinde angewandt – eine Basis für die Firmvorbereitung aufbauen konnten, die das Potential hatte, tiefer zu gehen als bisher.

Statt Lehrbücher zu verteilen, rüsteten wir unsere Mentoren und Mentorinnen nicht nur mit gutem praktischem Handwerkszeug aus, sondern sie konnten auch mit einem Grundkonzept arbeiten, das in allen Bereichen der Pfarrgemeinde Anwendung fand. So ein Umstellungsprozess mag schwierig erscheinen, aber eigentlich ist es ganz einfach. Es beginnt damit, die folgenden Fragen zu beantworten:

Wie verhalten sich Jünger und Jüngerinnen Jesu?

Ich schlage vor, dass Sie sich mit dem Leitungsteam Ihrer Pfarrgemeinde treffen und sich ausführlich darüber austauschen und verständigen. Wenn Sie gemeinsam Jüngerschafts-Verhaltensweisen für alle Bereiche und Altersgruppen der Pfarrgemeinde formulieren, wird das – wie inzwischen in Nativity - eine größere Wirkung haben, als wenn sie erst in der Firmvorbereitung mit diesem Ansatz beginnen.

Für den Fall, dass Sie (als Pilotprojekt) im Jugendbereich damit starten, wählen Sie fünf bis sieben grundlegende Verhaltensweisen aus, die von den Firmlingen dann weiterentwickelt und konkretisiert werden können. Entscheiden Sie, welche Verhaltensweisen das größte Potential haben, von den Jugendlichen aufgegriffen zu werden und an denen sie wachsen können.

Ein gutes Beispiel ist das Dienen. Die Jünger und Jüngerinnen Jesu dienen, weil Jesus es gelehrt hat:

„Ein neues Gebot gebe ich Euch: Liebt einander! Wie ich Euch geliebt habe, so sollt auch ihr einander lieben. Daran werden alle erkennen, dass ihr meine Jünger seid: wenn ihr einander liebt.“ (Johannes 13,34 – 35)

Das Dienen ist nicht nur das Befolgen dessen, was Jesus uns gelehrt hat. Es ist auch etwas, das einen weiten Raum eröffnet. Man kann auf unterschiedlichste Weise innerhalb und außerhalb der Kirche, dienen. Und: Wenn man seine Zeit einsetzt, um andere zu lieben, dann wird man im Gegenzug auch Gottes Liebe erfahren.

Wenn Sie nicht sicher sind, welche Verhaltensweisen sie auswählen sollen, können sie gerne unsere nehmen. Sie stammen ja nicht von uns, sondern aus der Heiligen Schrift.

Hilfen zur praktischen Umsetzung

Erinnern Sie sich an die Geschichte, als ich meinen Reifen wechseln wollte und was passierte, weil ich weder die richtigen Informationen noch das richtige Werkzeug hatte. Ich wusste nichts über den Rost und hatte kein WD40-Öl dabei. Stellen Sie sich vor, ich hätte gar kein Werkzeug gehabt. Ich wäre verloren gewesen.

Viel zu oft hören die Firmlinge, dass sie die Bibel lesen, täglich beten und anderen dienen sollen, ohne dass sie das richtige Handwerkszeug zur erfolgreichen Umsetzung haben. Unsere Aufgabe ist es, ihnen die Möglichkeiten und Hilfe zu geben, diese Verhaltensweisen auf ihre Lebenssituation übertragen zu können. Etwas, das entmutigend auf sie wirken kann (z. B. die Bibel zu lesen) in etwas zu verwandeln, das sie mit Freude umsetzen und anwenden können.

Gemeinsam mit Ihrem Team können Sie altersgerechte Hilfen und Anwendungsmöglichkeiten finden, die den Jugendlichen dabei helfen können, Schritt für Schritt christliches Verhalten einzuüben. Am besten wäre es, damit schon bei den Kindern zu beginnen, sodass Sie mit den Älteren dann tiefer gehen können.

Neben Anregungen aus der Nativity-Gemeinde oder aus andern Quellen sollten Sie auch das Gespräch mit Menschen in Ihrer Pfarrgemeinde suchen, die bereits ihr

Leben auf Christus ausrichten. Fragen Sie nach, wie sie das im Leben umsetzen. Sammeln sie diese Erfahrungen und stellen Sie Ihren eigenen Werkzeugkoffer zusammen.

Was muss sich ändern, damit in allen Aktivitäten diese Verhaltensweisen sichtbar werden?

Diese letzte Frage ist einfach, konfrontiert Sie aber mit einigen brutalen Einsichten. Wahrscheinlich gibt es in Ihrer Pfarrgemeinde großartige Dinge, die für die nächste Generation getan werden. Doch wenn Sie die Aneignung von Verhaltensweisen nicht fördern, durch die Jünger und Jüngerinnen Jesu Christi sichtbar werden, behindern Sie sich letztlich selbst. Bevor Sie also Neues planen, stellen Sie sicher, dass Sie alles weglassen, was Sie bremsen kann. Wenn Sie den Jugendlichen helfen können, in der Jüngerschaft Jesu zu wachsen, wird Ihre Arbeit und Mühe auch Frucht bringen.

Der Schritt von der Wissensvermittlung hin zur Umsetzung bedeutet auch, dass Sie nicht nur darauf schauen, was Sie anderen beibringen. Sie müssen auch darauf achten, warum und wie Sie das tun. Sich nicht mehr auf Lehrbücher oder Anleitungen zu verlassen, ist eine große Veränderung. Sie eröffnet vielfältige Möglichkeiten und Wege, um der nächsten Generation anschaulich zu machen, was es bedeutet, in der Nachfolge Jesu so zu wachsen, dass sie andere zu Jüngern und Jüngerinnen Jesu machen kann.

8. Ein grösseres Bild aufzeigen

Ich danke dir, dass Du mich so wunderbar gestaltet hast. Ich weiß: Staunenswert sind deine Werke. (Ps 139,14)

Ganz gleich, wo sich die Firmlinge zu Beginn der Vorbereitungszeit befinden – dort sollen sie auf keinen Fall stehen bleiben. Gott hat uns allen eine Vision geschenkt, die größer ist als das, was die Welt uns bieten kann. Die Firmvorbereitung ist eine Gelegenheit, die nächste Generation mit dieser Vision vertraut zu machen.

In der Oberstufe wollte ich ein berühmter Pianist werden, wie z. B. Billy Joel oder Ben Folds. Stundenlang übte ich Tonleitern und paukte Musiktheorie. Ich träumte von ausverkauften Konzerten, Welt-Tourneen und meiner Rede bei der Grammy-Verleihung. Jeden Tag saß ich vor meinem Keyboard und träumte von etwas Großem. Mit der Zeit wurde ich für meine harte Arbeit belohnt. Ich durfte in der Oberstufe unsere Jazz Band leiten; ich spielte auf Schulkonzerten und begann sogar zu komponieren. Aber nach einer Weile begann der Schwung nachzulassen.

Ich weiß nicht, warum es dazu kam. Ob es mir zu viel wurde, mich immer mit anderen zu messen, oder ob ich die Kritik meines Klavierlehrers zu persönlich nahm. Vielleicht wurden einfach andere Dinge wichtiger. Ich weiß nur, dass ein lebenslanger Traum plötzlich nicht mehr als ein Hobby für mich war.

Nachdem dieser Traum ausgeträumt war, folgte bald ein neuer. Ich wollte nicht länger Musiker werden, auch wenn ich die Musik immer noch liebte. Ich begann nach anderen

Möglichkeiten zu suchen und stieß auf das Radio. Mir gefiel die Vorstellung, Menschen über den Äther zu erreichen. Ich beschloss, das am College zu vertiefen und begann Kommunikationswissenschaften mit dem Schwerpunkt Radio zu studieren. Ich liebte es zu lernen, wie man durch Mischen etwas verändern konnte, Aufnahmen mit Künstlern und Künstlerinnen zu machen und Sendungen zu produzieren. Je mehr ich lernte, desto klarer sah ich mich, wie ich Menschen über das Radio mit großartiger Musik versorgte.

Eines Tages sagte ein Professor, den ich sehr schätze, folgendes zu uns: *„Das Radio ist ein aussterbendes Medium; suchen Sie sich besser etwas anderes."* Wir fragten, warum das so sei, und er erzählte uns, dass es durch große Satellitendienste wie Sirius/XM immer weniger Jobs auf diesem Sektor geben würde. Ich glaubte ihm, beschloss, dass es das Risiko nicht wert sei und kehrte zurück zum Anfang.

Dieses Muster, mir ein neues Fach auszusuchen und es nicht abzuschließen, wiederholte sich immer wieder. Man könnte meinen, dass ich unentschlossen war. Darin liegt eine gewisse Wahrheit, aber in Wirklichkeit wusste ich einfach nicht, wer ich sein wollte. Ich war ein junger Mann auf der Suche nach seiner Bestimmung und versuchte herauszufinden, wie ich es zu etwas bringen könnte. Niemals hätte ich mir träumen lassen, dass ich in der Jugendpastoral arbeiten würde.

Dass ich einen festen Job in der Jugendpastoral annahm, war Zufall. Ursprünglich wollte ich – wie die meisten, die in diesem Bereich tätig sind – nur einige Jahre in der Pfarrgemeinde arbeiten, bis ich herausgefunden hätte, was ich wirklich mit dem Rest meines Lebens anfangen wollte.

Heute hat sich das komplett geändert. Jugendpastoral ist zu meiner Leidenschaft geworden. In den Herausforderungen sehe ich immer eine Chance für neues Wachstum. Ich habe schließlich erkannt, dass Jugendpastoral der Platz ist, wo Gott mich haben wollte, denn dort habe ich angefangen, mehr über mich selbst zu erfahren. Ich begann die Vision der Person zu erkennen, die ich werden sollte.

Wenn man nicht weiß, was man im Leben tun soll, kann das sehr frustrierend sein. Aber es ist nicht annähernd so frustrierend, wie nicht zu wissen, wer man sein soll. Jugendliche versuchen ständig, das herauszufinden. Sie sind in den unterschiedlichsten Bereichen sehr aktiv, weil sie auf der Suche nach ihrer Identität sind. Sie probieren Verschiedenes aus und stellen damit wichtige und entscheidende Fragen: wer sie sind und worum es in ihrem Leben gehen soll.

Wer soll ich sein?

Die Kirche nimmt eine wichtige Rolle ein, den jungen Menschen dabei zu helfen, diese Frage zu beantworten. Leider stellen wir ihnen diese Frage kaum. Viel zu oft fragen wir stattdessen: *„Was möchtest du werden?“* oder: *„Was wirst du studieren?“* Sie zu fragen, wer sie sein wollen, ist eine tiefere Frage, die sie dazu zwingt, darüber nachzudenken, wozu Gott sie geschaffen hat.

Firmvorbereitung ist genau die richtige Zeit, um sich mit dieser Frage zu beschäftigen. Wir bereiten die Jugendlichen darauf vor, Jünger und Jüngerinnen Jesu Christi zu werden. Es ist eine Zeit, in der sie in sich gehen und erforschen können, was Gott für den Rest ihres Lebens für sie vorgesehen hat.

Wir bitten unsere Mentoren und Mentorinnen, beim ersten Treffen mit ihren Firmlingen die Frage zu stellen: *„Wer möchtest du sein?“* Meistens erhalten sie nichtssagende Antworten. Der Grund ist, dass den meisten diese Frage noch nie gestellt wurde. Die Erwachsenen stellen diese Frage während der Vorbereitungszeit, und wir bitten die Firmlinge, darauf mit ihrer persönlichen Vision zu antworten. Um eine solche zu entwickeln, müssen sie wissen, wo sie anfangen sollen. Wir helfen den Firmlingen bei ihren ersten Schritten auf drei Arten.

Die Bewerbungsantworten gemeinsam besprechen

Im 5. Kapitel ging es um den Aufsatz von 500 Wörtern, den jeder Firmling schreiben sollte. Sie sollten darin eine der beiden Fragen beantworten: Welche Art von Christ oder Christin möchtest Du in Zukunft sein? Was musst Du tun, um Gott näher zu kommen?

Wenn wir diese Fragen stellen, gewinnen wir einen Eindruck von ihrem Verständnis von Nachfolge. Sie erlauben uns herauszufinden, wie nah die Jugendlichen mit dem verbunden sind, was Jüngerschaft bedeutet. Jugendliche, die eine Beziehung zu Jesus Christus haben, verwenden eher persönliche Beispiele dafür. Wenn die Mentoren und Mentorinnen die Bewerbungen der Firmlinge erhalten, können sie die Beantwortung dieser Frage zum Anlass nehmen, mit ihnen über ihre Identität zu sprechen.

Eintauchen in Psalm 139

König David schrieb Psalm 139, um die Allgegenwart Gottes auszudrücken. Wir verwenden diesen Vers, weil daraus deutlich wird, wie gut Gott die Jugendlichen kennt. In diesem Psalm sagt David zu Gott:

„Ob ich sitze oder stehe, du kennst es. Du durchschaust meine Gedanken von fern. Ja, noch nicht ist das Wort auf meiner Zunge, siehe, Herr, da hast Du es schon völlig erkannt. Du selbst hast mein Innerstes geschaffen, hast mich gewoben im Schoß meiner Mutter.“ (Psalm 139, 2.4.13)

David preist Gott für seine großen Taten und sagt ihm schließlich:

„Ich danke dir, dass ich so staunenswert und wunderbar gestaltet bin, wunderbar sind deine Werke.“ (Psalm 139,14)

Wir hoffen, dass wir mithilfe dieses Verses den Firmlingen vermitteln können, dass Gott sie zu einem bestimmten Zweck geschaffen hat. Wenn sie sehen, wie wunderbar sie gestaltet sind, dann können sie erkennen: Gott ist die Antwort auf die Frage: *„Wer soll ich sein?“*.

Der Platz am Wasser: Wo stehe ich?

Für einige Jugendliche ist es leichter, über ihre Beziehung zu Gott nachzudenken, wenn sie visuelle Unterstützung haben. Dazu haben wir eine Idee aus der Alpha Jugend Filmserie aufgegriffen. In Folge vier *„Glaube: Wie kann ich glauben?“* gibt es für die Gäste die Zeichnung eines öffentlichen Schwimmbads mit verschiedenen interagierenden Personen. Sie werden gefragt:

„Wenn das Wasser im Schwimmbad eine Beziehung zu Gott repräsentiert, welche Person in dem Bild wärst du?“

Für unsere Jugendlichen haben wir die Zeichnung adaptiert und stellen eine ähnliche Frage: *„Wenn der Campingplatz auf dem Bild deine Beziehung zu Gott darstellt, welcher Person fühlst du dich am nächsten?“*

Auf die Zeichnung dieses Campingplatzes zu schauen, ist eine ähnliche Herangehensweise wie die Frage im Bewerbungsprozess. Das gibt einen neuen Blickwinkel. Wir hoffen, dass mithilfe dieser Zeichnung ein neuer Austausch in Gang kommt.

Sobald die Firmlinge beginnen, über ihre momentane Beziehung mit Gott und der Kirche nachzudenken, können Sie darüber sprechen, auf welche Weise man sie verbessern kann. An dieser Stelle machen wir ihnen wieder den Vorschlag, eine persönliche Vision zu formulieren. Weil das nicht so einfach für sie ist, helfen wir ihnen.

Als erstes sollen sie darauf schauen, was ihnen wichtig ist. Wir lassen sie fünf bis zehn Dinge aufschreiben, die ihnen wichtig sind. Das kann alles sein, angefangen von Beziehungen über Dinge bis hin zu Erfahrungen. Der Zweck dieser Übung ist es, sie besser erkennen zu lassen, was wichtig ist und herauszufinden, was an erster Stelle kommt.

Meistens sind es Familie und Ausbildung. Wir erfahren, welche Eigenschaften und Werte ihnen wichtig sind. Sie schreiben auch über ihren Glauben, ihr Verhältnis zu Gott und zur Pfarrgemeinde. Wir wollen, dass sie offen und ehrlich sind, und sagen ihnen, dass die Liste auch länger sein kann, mindestens aber die 10 wichtigsten Punkte umfassen soll. Natürlich kann sich eine solche Liste durch die Umstände des Lebens später auch ändern.

Wir fragen sie: *„Glaubst du, dass du die richtigen Werte vertrittst?“* Die Antworten kommen oft mit großer Festigkeit. Dann haken wir nach: *„Woher weißt du das?“* Das tun wir, um sie herauszufordern und zu erfahren, wie sie zu ihren Antworten gekommen sind.

Es geht nicht nur darum, dass sie eine Liste mit ihren Werten erstellen. Es geht vor allem darum zu schauen, ob sie auf dem richtigen Weg sind. Wir bitten die Firmlinge, zu prüfen, ob ihre Werte mit Gottes Werten übereinstimmen. Die meisten Werte, die die Firmlinge auswählen, wurzeln in Gott. Wir fragen sie, ob das die richtigen Werte sind, denn wir möchten, dass sie erkennen, wovon sie beeinflusst werden. Werden ihre Werte von der Welt beeinflusst oder von ihrer Beziehung zu Gott? Zunächst kennen sie wahrscheinlich die Antwort noch nicht, aber während der Firmvorbereitung sollen sie das herausfinden.

Während dieser Zeit sollen sie ihre Werte und Ziele überdenken. Sobald sie vertrauter mit der Bibel sind, sollen sie diese Werte in der Heiligen Schrift finden. Wir hoffen, dass sie dann größeres Vertrauen in ihre gottgegebenen Werte bekommen, weil sie wissen, dass sie von IHM kommen.

Wir möchten nicht nur, dass sie ihre Werte benennen, sondern als etwas Eigenes annehmen. Wenn man einen Wert annimmt, ermutigt einen das, darauf hinzuarbeiten. Um unseren Firmlingen zu helfen, vom Benennen der Werte zu ihrem Besitz zu kommen, bitten wir sie, „Ich"-Aussagen zu formulieren. Wenn beispielsweise ein Firmling Authentizität als Wert angegeben hat, bitten wir ihn, etwas Ähnliches zu schreiben wie: *„Ich bin ein authentischer Mann." „Ich bin eine authentische Frau!"* Dann schauen wir uns genauer an, was das bedeutet. Hier ein Beispiel:

Ich bin ein authentischer Mann. Ich bin ehrlich. Ich wende mich nie vom Licht ab. Meine Taten und Worte spiegeln mein Herz wider, das ich von Gott erhalten habe. Ich bin stolz darauf, wer ich bin, aber ich lasse den Stolz nie Überhand gewinnen. Ich bin gesegnet dadurch, wie Gott mich geschaffen hat und ich versuche nie, andere zu täuschen, indem ich sie glauben lasse, dass ich mehr oder weniger als der bin, den Gott geschaffen hat.

Anschließend lassen wir sie noch einmal die Heilige Schrift anschauen, die sie mit Gott verbindet. Die Endversion sieht dann vielleicht so aus:

Ich bin ein authentischer Mann. Ich bin ehrlich. Ich wende mich nie vom Licht ab. Meine Taten und Worte spiegeln mein Herz wider, das ich von Gott erhalten habe. Ich bin stolz darauf, wer ich bin, aber ich lasse den Stolz nie Überhand gewinnen. Ich bin gesegnet dadurch, wie Gott mich geschaffen hat und ich versuche nie, andere zu täuschen, indem ich sie glauben lasse, dass ich mehr oder weniger als der bin, den Gott geschaffen hat. *„Gott sieht nämlich nicht auf das, worauf der Mensch sieht.“* (1 Sam 16,7) *„Herr, Du hast mich erforscht und kennst mich.“* (Ps 139,1)

Ehrlich gesagt tun die meisten sich schwer, diesen Punkt bis zum Ende der Firmvorbereitung zu erreichen. Aber unser Ziel ist es, ihnen diese Perspektive zu vermitteln. Deshalb sagen wir ihnen auch, dass sie diese Übungen als Teil des Ihres Weges sehen sollen.

Eine lebenslange Reise

Nicht nur die Firmlinge sollen an ihrer persönlichen Vision arbeiten, auch die Mentoren und Mentorinnen. Damit wollen wir den Jugendlichen zeigen, dass das nicht nur etwas für die Firmvorbereitung, sondern für das ganze Leben ist. Darüber muss man regelmäßig nachdenken. Ich sage den Firmlingen, die ich betreue, dass ich meine Vision mindestens zweimal im Jahr überdenke, an meinem

Geburtstag und zu Silvester. Bei jedem wichtigen Ereignis in meinem Leben frage ich mich selbst, ob dieser Wert für mich noch immer gilt und ob es das ist, was Gott von mir will.

Wir wollen, dass die Firmlinge wissen, dass Jesus nachzufolgen lebenslanges Wachsen bedeutet. Die Pläne, die Gott für uns hat, ändern sich nicht, weil sie mehr darauf abzielen, wer du bist und werden sollst, und weniger darauf, was du tust. Doch wie wir Gottes Pläne und Wünsche für uns aufnehmen, ändert sich ständig. Wenn Sie den Jugendlichen helfen, eine Vision, ein persönliches Leitbild zu entwickeln, geben Sie ihnen eine Gelegenheit, die Entwicklung ihres Glaubens als eine lebenslange Reise zu betrachten. Sie geben ihnen die Antwort auf die Frage, warum das alles eine Bedeutung hat.

Ganz gleich, welches Modell Sie für die Firmvorbereitung verwenden: Es ist wichtig, dass Sie den Firmlingen die Frage stellen, wer sie sein möchten. Das wird sie dazu herausfordern, sich intensiver mit sich selbst zu beschäftigen und genau darauf zu schauen, wer sie nach dem Willen Gottes sein sollen.

Teil IV: Menschen zu Jüngern und Jüngerinnen machen

9. Jüngerschaft und Dienst

Ein neues Gebot gebe ich Euch: Liebt einander! Wie ich Euch geliebt habe, so sollt auch ihr einander lieben. Daran werden alle erkennen, dass ihr meine Jünger seid: wenn ihr einander liebt. (Johannes 13,34 – 35)

Gott hat uns berufen, andere zu lieben, wie wir selbst geliebt werden wollen. Jemand, der in der Nachfolge Jesu wächst, ist jemand, der aktiv im Glauben ist. In unserer Nativity-Gemeinde bedeutet das: dienen innerhalb und außerhalb der Pfarrgemeinde. Wenn die Firmlinge lernen, andere so zu lieben wie Jesus uns geliebt hat, werden sie nicht nur das Leben anderer beeinflussen, sondern auch ihr eigenes Leben verändern.

Der Verkehr zwischen Baltimore und Washington ist einfach furchtbar, vor allem zu den Stoßzeiten. Aber eines Tages fuhren wir nach der Schule von Norden nach Süden. Ich wollte unbedingt, dass die Schüler der Oberstufe auch einen Dienst außerhalb der Pfarrgemeinde tun, um eine neue Erfahrung zu machen. Wir fuhren also zu Sarah's House, einer Organisation, die sich um obdachlose Familien im Anne Arundel County (Maryland) kümmert.

Abgesehen vom Verkehr war der Tag einfach wundervoll. Als wir das Gebäude betraten, wurden die Schüler von den kleinen Kindern begrüßt als wären sie Götter. Der Grund dafür war, dass die Kinder wussten, dass wir ihnen unsere ungeteilte Aufmerksamkeit und Zeit schenken würden. Wir spielten Basketball und Uno, hatten viel Spaß und aßen gemeinsam Eis. Was den Tag aber wirklich außergewöhnlich werden ließ, war der echte Wille unserer Jugendlichen zu dienen. Sie waren nicht dort, um einer Verpflichtung nachzukommen oder einfach Zeit zu verbringen. Sie wollten dienen – nur war ihnen das nicht bewusst, bis wir ihnen eine Gelegenheit dazu gaben.

Dienen ist ein wichtiger Teil auf dem Weg der Jüngerschaft. Wir sollen unsere Komfortzone verlassen und andere lieben, die vielleicht ganz anders sind als wir. Die nächste Generation möchte dienen. Sie will Teil von etwas Großem sein. Daher sind die Jugendlichen auch so emotional berührt, wenn sie Ungerechtigkeiten in der Welt sehen. Ihr Problem ist, zu erkennen, wo und wie sie etwas bewegen können. Als Pfarrgemeinden müssen wir ihnen Gelegenheiten dazu bieten. Der erste Schritt ist nicht, etwas zu verlangen, sondern etwas anzubieten.

Jesus sagte nie: *„Geht, ruft für 20 Stunden im Zeitraum von zehn Monaten Menschen in die Nachfolge und dadurch sind wir schon Freunde und Freundinnen.“* Das wäre einfach absurd. Die Bibel sagt nichts darüber, wie oft man Leprakranken, Prostituierten und Zöllnern helfen muss, damit man in den Himmel kommt. Es gibt keine

Mindestanforderungen, wie sehr man dienen und andere lieben muss.

Firmvorbereitung ist die beste Gelegenheit, die Jugendlichen mit der geistlichen Tugend des Dienens vertraut zu machen. Um Firmvorbereitung greifbar zu machen, verlangen wir von den Jugendlichen auch, kleine Dienste zu leisten. Es sieht toll aus, wenn wir anderen zeigen können, dass unsere Firmlinge tausend, fünftausend oder eine Million Stunden lang Dienste abgeleistet haben. Wenn sie nicht aus eigenem Willen teilnehmen, wird das keinerlei Einfluss darauf haben, wie sie im späteren Leben dienen werden.

Ich kann verstehen, warum es sinnvoll ist, dass manche Firmvorbereitungsprogramme eine bestimmte Anzahl an Stunden vorgeben. Die Hoffnung ist, dass die Jugendlichen mit der Zeit auf den Geschmack kommen. Leider heißt das auch, dass man etwas tun muss und im Gegenzug etwas dafür bekommt. So kann statt eines Werkzeugs für die Jüngerschaft eine Konsumentenhaltung gefördert werden.

Wir dienen Jesus, weil er wollte, dass wir einander so lieben, wie er uns geliebt hat. Er tat das, indem er andere immer an die erste Stelle setzte und indem er seine Zeit Menschen schenkte, die ignoriert oder vergessen wurden.

In der Firmvorbereitung müssen wir von den Stundenvorgaben wegkommen und uns darauf konzentrieren, wie Jugendliche lernen können, andere zu lieben. Um diese Gelegenheiten zu schaffen, muss man Wege aufzeigen, wie man anderen dienen kann.

Es kann viele andere Wege geben, in Nativity bieten wir zwei verschieden Formen an.

Pfarrlicher Dienst

Pfarrlicher Dienst bedeutet für uns, im Bereich unserer Pfarrgemeinde zu dienen. Wenn man einen Dienst in der Pfarrgemeinde übernimmt, schafft man ein „unwiderstehliches" Umfeld für Menschen, die ihre „Fensterläden öffnen" und in der Jüngerschaft wachsen wollen. Durch diese Dienste werden (in Verbindung mit dem hauptamtlichen Pfarrgemeindeteam) Gelegenheiten geschaffen, um Menschen zu einer persönlichen und authentischen Beziehung mit Jesus hinzuführen. So können wir auch der nächsten Generation zeigen, wie sie aktive Mitglieder unserer Pfarrgemeinde werden können.

In Nativity werden verschiedene Dienste für Jugendliche und Erwachsene angeboten. Das reicht vom Kinderdienst bis zur Mitarbeit im Technikbereich während unserer Messe. Es gibt Firmlinge, die gemeinsam mit Erwachsenen Empfangsdienst machen, Kaffee ausschenken und uns helfen, die Stühle für das Wochenende aufzustellen.

Wir möchten, dass sich unsere Firmlinge in diesen Diensten engagieren, damit sie wissen, wie es ist, wenn man seine Zeit in die Pfarrgemeinde investiert. Unsere Hoffnung ist, dass sie auch nach der Firmung weitermachen. Und tatsächlich tun das die meisten.

Missionsdienst

Die zweite Möglichkeit des Dienens bieten die Missionsdienste außerhalb der Pfarrgemeinde. Wir verkünden Gottes Liebe auch über unsere Pfarrgrenzen hinaus und verbinden uns mit Menschen, die sich sehr von uns unterscheiden. Das kann bedeuten, in die Innenstadt von Baltimore zu gehen, mit dem Bus ins Appalachen-Gebirge zu fahren oder ein Flugzeug nach Haiti zu besteigen.

Durch das Engagement im Missionsdienst machen die Jugendlichen einen Schritt aus ihrer Komfortzone hinaus. Sie erfahren mehr, wie sehr Gott sie segnet und dass sie das, was die Welt ihnen bietet, nicht brauchen, um glücklich zu sein. Durch die Erfahrungen in den Missionsdiensten beginnen die Jugendlichen anders über ihr Leben und ihren Glauben zu denken.

Um die Jugendlichen dafür zu begeistern, tun wir mehr als Aufläufe kochen oder Häuser bauen. Wir bringen sie in Kontakt mit unseren strategischen Partnerdiensten.

Was sind strategische Partner? Das können Organisationen sein, ein Freiwilligendienst oder ein Weiterbildungsprogramm, das dabei helfen soll, andere zu lieben und Ungerechtigkeit zu bekämpfen. Zur Zeit haben wir ungefähr zwölf strategische Partner in Baltimore selbst, im Appalachengebiet sowie in Haiti, Nigeria und Kenia. Auch hier lassen wir die Jugendlichen mit Erwachsenen zusammenarbeiten. So setzen wir Vision und Konzept unseres Missionsverantwortlichen Brian Crook um. Seine Aufgabe ist es, dafür zu sorgen, dass wir als Pfarrgemeinde diese Partnerorganisationen finanziell und personell unterstützen.

Es gibt zwei Gründe dafür, warum es für unser Firmvorbereitungsteam wichtig ist, mit Brian zusammenzuarbeiten. Erstens kann es für die Jugendlichen selbst schwierig sein, Gelegenheiten für einen Dienst zu finden. Leider gibt es auch Altersbeschränkungen. Brian kümmert sich um Dienst-Angebote für Erwachsene und auch für Familien. Dadurch nimmt er uns viel Arbeit ab.

Zweitens möchten wir, dass die nächste Generation von unserer lernt. Während jugendspezifische Angebote die Gemeinschaft unter ihnen stärken, zeigt die Zusammenarbeit mit Erwachsenen den Jugendlichen auch, was sie alles tun können, wenn sie älter werden.

Es geht nicht nur darum, irgendeinen Platz zu finden, sondern den richtigen. Wir möchten, dass unsere Firmlinge in der Pfarrgemeinde, in unserem Land oder irgendwo in der Welt bei einem Projekt mitarbeiten. Es geht auch darum, Beziehungen aufzubauen. Wir arbeiten mit diesen Gruppen zusammen, weil wir wissen, dass Gott uns dazu ruft, mit ihnen zu wachsen.

Mobilisieren Sie Ihre Firmlinge

Wenn es in Ihrer Pfarrgemeinde bereits Erwachsene gibt, die innerhalb und außerhalb der Pfarrgemeinde dienen, binden Sie die Firmlinge mit ein. Wenn nicht, dann schlage ich folgendes vor:

Schaffen Sie eine Lehr- und Lernkultur

Finden Sie Erwachsene, die bereits aktiv in der Pfarrgemeinde sind und bitten Sie diese, Jugendliche anzulernen und ihre Erfahrungen weiterzugeben. So finden die Jugendlichen gut in den Dienst hinein und die Erwachsenen erhalten die Gelegenheit, in die nächste Generation zu investieren.

Achten Sie darauf, dass die Erwachsenen den Firmlingen nicht nur zeigen, wie es geht. Ermutigen sie sie, mit den Jugendlichen über die Bedeutung und den Zweck des Dienens zu sprechen. Zeigen Sie ihnen, warum es wichtig ist, etwas für die heilige Messe vorzubereiten oder in einer Obdachloseneinrichtung auszuhelfen.

Bei einem solchen Ansatz geht es um mehr als um Erfüllung von Notwendigkeiten. Sie zeigen den Firmlingen Modelle, wie das Leben von aktiven Jüngern und Jüngerinnen aussieht.

Helfen Sie, die richtige Gelegenheit zu finden

Ein Dienst wird ihnen nicht nur dabei helfen, andere zu lieben, sondern sie werden auch den Sinn des Lebens finden. Daher ist es so wichtig, dass sie die richtige Gelegenheit finden, um zu dienen. Um das sicherzustellen, sollten Sie darauf achten, dass die Jugendlichen mehrere ernsthafte Versuche machen, einen Dienst auszuüben.

Unsere Firmlinge durchlaufen denselben Prozess wie alle anderen in der Pfarrgemeinde. Wir sind der Meinung, dass man einen Dienst mindestens dreimal ausprobieren muss, bis man weiß, ob es das Richtige für einen ist. Nach diesen drei Versuchen fragen wir, ob sie damit weitermachen oder etwas anderes ausprobieren möchten.

Wenn sich die Firmlinge von einem bestimmten Dienst nicht angesprochen fühlen, dann ermutigen wir sie dazu, etwas anderes zu versuchen. Wenn es so scheint, als wäre überhaupt nichts Passendes für sie dabei, dann helfen Sie ihnen, eine andere Möglichkeit zu finden, die ihrer Sehnsucht entspricht.

Das mag vielleicht aufwändig sein. Aber die Mühen der Mentoren und Mentorinnen, die den Firmlingen entdecken helfen, was Gott von ihnen möchte ist unbezahlbar. Sie übertragen ihnen die Eigenverantwortung für ihre Situation und ermutigen sie, ihre Komfortzone zu verlassen. Aus ihnen werden dann Leiter und Leiterinnen, die nicht nur gerne dienen, sondern auch die Fähigkeit haben, Probleme zu lösen.

Erinnern Sie an den tieferen Sinn

Regelmäßig einen Dienst zu tun, bringt verschiedene Schwierigkeiten mit sich. Wie alle anderen auch haben die Firmlinge einen dichten Zeitplan. Es wird verführerisch, Ausreden zu finden. Vielleicht haben sie bei ihren ersten Versuchen schlechte Erfahrungen gemacht und das Gefühl, gescheitert zu sein.

Die Erwachsenen können dabei helfen, mit der Situation zurechtzukommen und sie daran erinnern, dass Jesus nachfolgen bedeutet, einen Weg zurückzulegen. Achten Sie darauf, dass die Mentoren und Mentorinnen die Jugendlichen in ihrem Dienst begleiten und ermutigen Sie sie auch dazu, mit den Erwachsenen, von denen die Firmlinge lernen, in Kontakt zu treten. Erinnern Sie die Firmlinge daran, dass sie auf ihrer Lebensreise nicht allein sind.

Du bist geschaffen, um zu dienen

Dienen ist eine geistliche Tugend, weil Gott uns dazu ruft und geschaffen hat, um andere zu lieben. Um diesen Schritt auf ihrem Glaubensweg anzunehmen, müssen Sie den

Jugendlichen dabei helfen, ihre Identität zu finden.

Dazu können Sie Persönlichkeitstests verwenden. Leider können diese Tests sehr teuer sein, daher haben wir selbst etwas entwickelt, das wir GPS (Gifts, Passion, Self) nennen, bei dem es um Talente, Leidenschaft und das Selbst geht.

GPS ist eine einfache Methode, die den Jugendlichen hilft zu entdecken, was Gott von ihnen möchte. Es ist nicht so umfassend wie andere Tests, aber sein Zweck ist, dass die Jugendlichen darüber nachdenken, was Gott mit ihnen vorhat. Die Mentoren und die Mentorinnen machen die Übung zu zweit gemeinsam mit den Jugendlichen. Sie stellen Fragen wie z. B.:

- Welche Talente und Fähigkeiten hast du?
- Mit welchen Menschen bist du gerne zusammen?
- Hältst du dich für introvertiert oder extrovertiert?

Das sind einfache Fragen, um das Gespräch in Gang zu halten. Nachdem die Jugendlichen den Test gemacht haben, hoffen wir, dass die Mentoren und Mentorinnen mit ihnen über Ihre Berufung ins Gespräch kommen.

Ist unser GPS-System das Beste? Nein, aber es hilft den Jugendlichen dabei, in ein persönliches Gespräch über das Dienen zu kommen. Wir wollen sichergehen, dass die Jugendlichen wissen, warum Gott möchte, dass wir andere lieben. Wir hoffen, dass die Jugendlichen erkennen, dass sie, je mehr sie andere an die erste Stelle setzen, umso mehr den Segen Gottes erfahren.

Papst Franziskus schreibt:

„Hier ist das, worauf es ankommt, vor allem ‚den Glauben zu haben, der in der Liebe wirksam ist‘ (Gal 5,6). Die Werke der Nächstenliebe sind der vollkommenste äußere Ausdruck der inneren Gnade des Geistes: Das Hauptelement des neuen Gesetzes ist die Gnade des Heiligen Geistes, die deutlich wird durch den Glauben, der durch die Liebe handelt.“ (Evangelii gaudium 37)

Ist es nicht das, was wir uns für die nächste Generation wünschen? Wünschen wir uns nicht, dass sie den Heiligen Geist spüren, wenn sie anderen in Liebe dienen? Lassen Sie die verpflichtenden Anforderungen weg, gehen Sie mit ihnen auf diesem Weg. Helfen Sie ihnen dabei, den Segen zu entdecken, wenn sie ihren Glauben in Taten umsetzen.

10. Jüngerschaft und Geld

Bringt den ganzen Zehnten ins Vorratshaus, damit in meinem Haus Nahrung vorhanden ist! Ja, stellt mich auf die Probe damit, spricht der Herr der Heerscharen, ob ich Euch dann nicht die Schleusen des Himmels öffne und Segen im Übermaß auf Euch herabschütte. (Mal 3,10)

Gott möchte, dass wir ihm vertrauen. Eine der besten Arten, ihm das zu zeigen, ist durch unsere Finanzen. Wenn Sie Gott vertrauen und ihn durch Geld ehren, verspricht er Ihnen wunderbaren Segen. Die Firmvorbereitung sollte nicht die erste Gelegenheit sein, um mit Jugendlichen über den Zehnten sprechen. Das ist ein Thema, das Sie schon im Grundschulalter ansprechen sollten. In der Firmvorbereitung sollte es darum gehen, welchen Einfluss das Geben des Zehnten auf ihr Leben haben kann. Wenn die Jugendlichen lernen, gut mit ihrem Geld umzugehen, dann werden sie lernen, Gott auf ganz neue und erstaunliche Weise zu vertrauen.

Als Kind war ich eifersüchtig auf meine Schwester, die immer das Opfergeld unserer Eltern in den Spendenkorb geben durfte. Ich weiß nicht, warum mir das so wichtig war. Vielleicht deshalb, weil die Messe so langweilig war und es wenigstens eine Gelegenheit gab, etwas zu tun. Es war eine Möglichkeit, sich zu bewegen, ohne missbilligende Blicke von Pfarrmitgliedern zu ernten.

Erst als ich älter wurde, fing ich an, die materielle Seite des Gebens zu begreifen. Meine Eltern spendeten jede Woche Geld, um das Funktionieren der Pfarrgemeinde zu unterstützen. Aber wie das gehen sollte, war mir schleierhaft. War das Geld dafür gedacht, ein Dach zu reparieren oder einen neuen Turnsaal zu bauen? Warum sollten wir es der Pfarrgemeinde geben? Arbeiten Priester nicht gratis? Ich hatte Vermutungen, aber ich verstand es nicht wirklich, bis ich in Nativity zu arbeiten begann.

Meine Frau war schwanger mit Matthew, unserem ersten Kind. Wie alle werdenden Eltern arbeiteten wir neurotisch eine Liste ab. Wir machten die Küche kindersicher, kauften die besten Fläschchen und kauften so viele Windeln, dass wir den Pazifischen Ozean damit hätten füllen können. Deshalb dachten wir, wir wären gut vorbereitet. Dann eines Tages geschah das Unglück. Es war unser Auto, das undicht wurde und Öl verlor und ein großes Loch in unser Budget riss. Wir hatten nicht mehr viel Geld und brauchten unbedingt ein Auto. Wir rechneten alles durch, aber es gab keinen finanziellen Spielraum und unser Zehnter kam uns in den Sinn. Vielleicht sollten wir der Pfarrgemeinde etwas weniger Geld geben? Diese Idee erschien uns klug und weise, aber bevor wir sie noch in die Tat umsetzen konnten, hörten wir eine Predigt, in der es darum ging, Gott unsere Finanzen anzuvertrauen. Wenn er uns je aufgerufen hatte, ihm zu vertrauen, dann war das jetzt. Nach viel Gebet und Nachdenken haben wir dann entschieden, unseren Zehnten nicht anzutasten, wir gaben sogar mehr und sagten: *„Gott, wir vertrauen Dir!“*

Am nächsten Tag kam einer unserer Freiwilligen auf mich zu und sagte: *„Chris, wir wissen, dass ihr ein Auto braucht. Du kannst gerne unseres eine Woche lang ausborgen.“* Zunächst hielten wir das für eine nette Geste von jemandem, der unsere Situation kannte. Aber dann wurde es irgendwie merkwürdig. Nach dieser Woche kam jemand anderes auf uns zu und lieh uns sein Auto. Auch andere Menschen boten uns ihre Autos an. Sogar unser Pfarrer, Father White, erlaubte mir – dem Verantwortlichen für Jugendpastoral – sein einziges Auto auszuleihen. Wir begannen zu verstehen. Gott wollte uns in dieser Zeit des Mangels mit dem ausstatten, was wir brauchten, damit wir für ein neues Auto sparen konnten. Schließlich kam ein guter Freund auf uns zu und sagte: *„Chris, unsere Tochter ist auf's College gegangen und kommt für eine Weile nicht nach Hause. Ihr könnt unser Auto haben, bis ihr euch ein neues leisten könnt.“*

Gott segnete uns auf unglaubliche Weise. Zusätzlich zu den Autos, die wir uns ausborgen durften, bekamen wir Geld geschenkt und entdeckten Sparbriefe, von denen wir nichts gewusst hatten. Es war beinahe so, als würde Gott sagen: *„Meine Lieben, ich habe Euch doch gesagt, dass ich Euch den Rücken freihalte.“*

Über Gott und Geld sprechen

Wenn wir in der Firmvorbereitung zu diesem Thema kommen, ist es wohl das Schwierigste, auf diese Frage der Firmlinge zu antworten: *„Warum will Gott unser Geld?“* Es ist nicht so, dass er knapp bei Kasse ist und ein paar Dollar braucht, um dem Pizzaboten ein Trinkgeld geben zu können. Vielleicht hat er eine Wette mit seinen Engeln verloren. Oder vielleicht spart er auf ein neues Smartphone oder einen Urlaub in Australien. Warum sollte Gott, der Schöpfer des Universums, unser Geld brauchen?

Er braucht es nicht, ebenso wenig wie wir. Gott möchte, dass wir etwas davon abgeben, weil er möchte, dass wir mehr auf ihn vertrauen als auf sonst etwas. Geld ist eines der größten Hindernisse, ihm wirklich zu vertrauen. Gott weiß, dass Geld eines der größten Hindernisse ist, ihn zu lieben. Der heilige Paulus schreibt dem heiligen Timotheus:

„Denn die Wurzel aller Übel ist die Habsucht. Nicht wenige, die ihr verfielen, sind vom Glauben abgeirrt und haben sich viele Qualen bereitet." (1 Tim 6,10)

Paulus sagt nicht, dass Geld böse ist. Es ist ja nicht so, dass das Geld in Ihrer Börse nur darauf wartet, dass Sie einschlafen, um Sie bei lebendigem Leib aufzufressen. Es ist die Liebe zum Geld, die uns verletzt. Wenn wir Geld lieben, macht es uns leer, aber Gott verspricht uns genau das Gegenteil.

„Gott gibt uns nicht nur das, was wir brauchen, er verwöhnt uns ohne Maß." (vgl. Mal 3,10).

Ich liebe diesen Vers, weil ich mir vorstelle, wie Maleachi diese Worte hinausschreit. Es ist beinahe so, als ob Gott sich an die Brust schlägt und uns herausfordert: *„Du glaubst mir nicht. Ich fordere dich heraus, mich dreifach auf die Probe zu stellen."*

Ich bin mir sicher, dass die Israeliten und Israelitinnen, die das hörten, einander zuflüsterten: *„Hat er das wirklich so gesagt?"* Es ist das Gegenteil dessen, was uns beigebracht wurde: Wir sollen Gott nicht auf die Probe stellen.

Der christliche Finanzexperte Howard Dayton weist darauf hin, dass Geld und Besitz 2350 Mal in der Bibel vorkommen. Das ist verrückt. Das bedeutet, dass in der Sichtweise Gottes unser Eigentum und unser Umgang mit Geld eine zentrale Rolle spielen. Aber kommt das jemals in der Firmvorbereitung vor?

Ich wette, dass das nicht der Fall ist. Als ich bei der Recherche für dieses Buch andere Modelle der Firmvorbereitung untersuchte, fand ich nirgendwo das Thema Geld. Das ist beschämend, denn Gott warnt uns ständig davor, Schätze auf Erden zu sammeln. Er sagt den Menschen ständig, wie schwer es ist, in das Himmelreich zu gelangen, wenn man sich nicht von seinen Schätzen lösen kann. Im Katechismus heißt es:

„Um in das Himmelreich einzugehen muss man sich von den Reichtümern lösen. ‚Selig, die arm sind im Geiste!'" (KKK 2556)

Am besten gelingt es, sich von Geld und Besitz zu lösen, wenn man lernt, es wegzugeben. Dazu sind der Zehnte und die Spenden in der Kirche der Schlüssel. Bevor ich nun darüber spreche, wie wir den Firmlingen dabei helfen können, ist es nötig, den „Zehnten" für uns zu definieren.

Den Zehnten geben bedeutet zehn Prozent zu geben

Ich habe viele verschiedene Interpretationen des Zehnten gehört. Manche Leute sagen, dass es zwei oder acht Prozent sind. Manche Menschen sagen auch: *„Ich gebe ja den Zehnten, weil die Hälfte davon für den Dienst und der Rest eine Spende ist."*

Als ich es das letzte Mal recherchierte, bedeutete den Zehnten zu geben, zehn Prozent des jährlichen Ertrags oder Einkommens zu geben. Ich habe das im Internet und in einem Wörterbuch nachgeschlagen: es geht tatsächlich um zehn Prozent.

Den Zehnten zu geben ist eine Tugend, eine zur Gewohnheit gewordene Verhaltensweise, etwas, das wir konsequent tun sollten. Alles, was wir sonst spontan oder zusätzlich aus einem bestimmten Anlass geben ist eine Opfergabe.

Gott fordert uns auf, den Zehnten zu geben. Ganz egal, ob es Jugendliche ohne Geld oder Multimillionäre sind, ist es schwierig, zehn Prozent einfach wegzugeben. Wir wissen, die zehn Prozent sind eine Herausforderung für die Jugendlichen. Deshalb helfen wir ihnen, ein Verständnis für Geld zu entwickeln und diesen Schritt zu gehen.

Finanzielle Klugheit

Ich liebe es, den Firmlingen die Frage zu stellen, wie viel bestimmte Dinge kosten, wie z. B. ein Auto oder eine Matratze. Die meisten haben sich damit noch nie beschäftigt. Die Antworten sind wirklich spannend. Ich lernte Jugendliche kennen, die meinten, dass ein Haus 3.000 Dollar koste und ein Auto 200.000 Dollar.

Diese Antworten sind oft ziemlich daneben, man kann aber den Jugendlichen keine Schuld geben. Sie haben nur eine geringe Verantwortung für Geld und tragen so gut wie keine Risiken. Das meiste, was sie zum Leben brauchen, bekommen sie von ihren Eltern und sie müssen nie etwas kaufen, das einen hohen Preis hat, wie z. B. ein Auto oder ein Haus.

Wir haben bemerkt, dass die Jugendlichen in unserer Gemeinde zum ersten Mal mit dem Thema Geld konfrontiert werden, wenn sie darüber sprechen, aufs College zu gehen. Aber auch hier wird sich das Gespräch eher um die Art des Kredits drehen und nicht darum, wie man es verhindern kann, ohne einen riesigen Schuldenberg die Uni abzuschließen. Um den Firmlingen bei den ersten Schritten zu helfen, müssen Sie sie dazu animieren, über Geld nachzudenken. Finden Sie in einem zwanglosen Gespräch heraus, was sie bereits wissen, wer ihnen das beigebracht hat und was sie über Geld denken.

Werkzeuge für den Umgang mit Geld

Alle Mentoren und Mentorinnen erhalten ein Haushaltsplan-Formular, dass sie mit den Jugendlichen durchgehen. Ein Einnahmen-Ausgaben-Plan ist eines der einfachsten und wirkungsvollsten Hilfsmittel, das Sie den Jugendlichen mitgeben können. Wir zeigen ihnen, dass sie – auch wenn sie nur wenig Geld haben – den Überblick behalten sollen. In der Heiligen Schrift heißt es dazu:

„Wer in den kleinsten Dingen zuverlässig ist, der ist es auch in den großen, und wer bei den kleinsten Dingen Unrecht tut, der tut es auch bei den großen.“ (Lk 16,10)

Wir müssen sie nicht über verschiedene Formen der Altersvorsorge informieren, aber wir möchten, dass sie einen Plan entwickeln, wie sie klug etwas spenden, sparen und ausgeben können und fordern sie auf, darüber auch mit ihren Eltern zu sprechen.

Zu diesem Zweck sollen sie gemeinsam mit ihren Eltern einen Haushaltsplan erstellen. Bei solchen Gelegenheiten zeigt es sich manchmal, dass es auch Eltern gibt, die Unterstützung im Umgang mit Geld brauchen.

Als Pfarrgemeinde helfen wir den Jugendlichen in

ihren Geldangelegenheiten, indem wir ihnen den Kurs „Generationenwechsel“ von Dave Ramsey anbieten. Das ist ein neunwöchiger Kurs, in dem die Jugendlichen nicht nur lernen, mit Geld umzugehen, sondern auch, wie sie es auf eine Art und Weise nutzen können, die Gott ehrt. Wir bieten diesen Kurs allen Jugendlichen an. Besonders legen wir ihn den Firmlingen ans Herz.

Wenn wir ihnen dabei helfen, mit ihrem Geld klarzukommen, helfen wir ihnen auch in ihrer Beziehung zu Gott. Menschen mit einem selbstbewussten Umgang mit Geld können auch selbstbewusst geben. Dabei wollen wir sie unterstützen.

Gelegenheiten zum Geben

Den Zehnten zu geben ist eine geistliche Tugend, die wir schon die Kleinsten lehren. Kinder können das bei den „Zeitreisenden“, unseren Kinderwortgottesdiensten, tun. Wenn sie älter werden, laden wir sie ein, bei der Messe etwas zu spenden oder bei unseren Angeboten für Jugendliche „Auferstehung“ (Mittelschule) oder „Aufstehen“ (Oberstufe).

Und darüber hinaus gibt es auch noch pfarreiweite Initiativen. Einmal pro Jahr, an einem Wochenende im Advent, bitten wir unsere Jugendlichen um Spenden für ein Missionsprojekt. Die Projekte reichen vom Brunnenbau in Nigeria bis zum Aufbau von Gratis-Mittagessen in unserer Partner-Pfarrgemeinde in Haiti. Wir möchten, dass Jugendliche Gelegenheiten finden, durch die sie lernen, mit Christus im Herzen den Zehnten zu geben.

Je mehr sie diesen Schritt annehmen, desto gesünder wird ihre Beziehung zu Geld und Gott sein. Wenn sie Gott an die erste Stelle setzen, lernen sie nicht nur, ihm zu vertrauen, sondern öffnen sich auch für seine Segnungen.

Ich liebe, was Papst Franziskus schreibt:

„Das Geld muss dienen und nicht regieren! Der Papst liebt alle, Reiche und Arme, doch im Namen Christi hat er die Pflicht daran zu erinnern, dass die Reichen den Armen helfen, sie achten und fördern müssen. Ich ermahne Euch zur uneigennützigen Solidarität und zu einer Rückkehr von Wirtschaft und Finanzleben zu einer Ethik zugunsten des Menschen." (Evangelii Gaudium 58)

Das Geld muss dienen und nicht regieren! Stellen Sie sich vor, die nächste Generation macht sich diesen Grundsatz zu eigen. Stellen Sie sich vor, dass Jugendliche durch einen soliden Umgang mit Geld lernen, Gott zu vertrauen. Daraus kann sich eine stärkere Generation von Jüngern und Jüngerinnen entwickeln und eine gesündere Kultur in der Kirche.

11. Jüngerschaft und Beziehungen

Ich, der Gefangene im Herrn, ermahne Euch, ein Leben zu führen, das des Rufes würdig ist, der an Euch erging. Seid demütig, friedfertig und geduldig, ertragt einander in Liebe und bemüht Euch, die Einheit des Geistes zu wahren durch das Band des Friedens! (Eph 4,1-3)

Wir sind nicht dazu bestimmt, allein durchs Leben zu gehen. Gott zeigt uns seine Liebe, indem er uns mit Menschen umgibt, die uns im Glauben stärken. Die Firmvorbereitung ist der ideale Zeitpunkt für die Jugendlichen, über ihre Beziehungen nachzudenken. Zusätzlich zum Mentoring-System wollen wir sichergehen und dabei helfen, dass die Firmlinge christusähnliche Beziehungen leben.

Eines meiner Highlights bei der Firmvorbereitung ist das Lesen der Briefe, die dem Bischof vor der Firmung geschrieben werden müssen. Oft rühmen die Firmlinge den großen Einsatz von Zeit und Energie ihrer Mentoren und Mentorinnen, die sie im letzten Jahr auf ihrem Glaubensweg begleitet haben. Besonders berührend ist es, wenn sie über andere Beziehungen sprechen. Vor einigen Jahren schrieb eine Firmkandidatin folgenden Brief:

Lieber Herr Bischof,

Im letzten Jahr konnte ich eine Veränderung an mir und meinem Katholischsein feststellen. Mein Glaube wurde in verschiedenen Aspekten gestärkt. Vor einem Jahr fiel ich in eine Depression und hatte die Hoffnung aufgegeben – besonders die Hoffnung auf Gott. Ich verlor meinen Glauben und behauptete, dass ich nicht an Gott glaubte, weil ich nicht verstehen konnte, warum er Leben geschaffen hat und es wieder nahm, warum das Umfeld, in dem ich lebte, nicht die katholische Kultur unterstützte, und wie es Gott möglich sein sollte in mir und durch mich zu wirken. Ich wurde erwachsen und zweifelte an meinem Glauben. Auch als ich in Therapie war, hatte ich noch das Gefühl, dass etwas fehlte.

Eine meiner besten Freundinnen, Allie, arbeitet in Nativity, und sie liebt es. Sie schien so selbstsicher und ich schaute zu ihr auf. Eines Tages sprachen wir miteinander über die Firmung. Sie wollte sich anmelden und wollte, dass ich sie begleite, um mir zu zeigen, was mir fehlte. Nach einigen Diskussionen entschloss ich mich dazu, auch an der Firmvorbereitung teilzunehmen. Allie lud mich auch in ihre Kleingruppe ein, damit ich erfahren konnte, wie der Umgang mit anderen Katholikinnen mir helfen kann, die Leere in mir zu füllen. Ich wurde Teil der Gruppe, und im Laufe des Jahres begann mir die Atmosphäre dort zu gefallen. Der Kontakt mit anderen, die auch katholisch sind, hat mir sehr geholfen. Nun bin ich stolz darauf, katholisch zu sein und an Gott zu glauben. Fast jeden Donnerstag gehe ich zur Jugendgruppe und sonntags mit meinen Eltern in die Kirche.

Auch Kate, meine Mentorin, half mir, mich auf Gott auszurichten und ihn besser zu verstehen. Wir trafen uns monatlich während der Firmvorbereitung, Gemeinsam arbeiteten wir an der Einübung in die geistlichen Tugenden. Sie half mir, meine Talente zu erkennen und zeigte mir, dass Gott mir die Gabe des Zuhörens und Verstehens geschenkt hat, und dass ich diese Talente dafür einsetzen kann, jemandem den Tag zu verschönern.

Allie und Kate sind die Hauptgründe, warum ich mein

Leben auf Gott und Jesus ausrichten möchte und der Grund, warum ich in die Kirche gehe und Teil der Jugendgruppe bin. Sie beide halfen mir zu entdecken, was ich im Leben vermisst habe. Das möchte ich nie wieder verlieren. Ich konnte mich selbst finden, und ich möchte in der Kirche noch mehr im Glauben wachsen. Ich möchten den beiden danken und der Pfarrgemeinde Nativity, dass sie mich geleitet und mein Leben wieder ganz gemacht haben. Die Firmvorbereitung hat mich auf eine Reise geführt, deren Erleben ich auch anderen wünsche.

In diesem Brief gibt es so viele kostbare Punkte, die alle mit einer Sache verbunden sind: Beziehungen. Durch die Beziehungen, die dieses Mädchen mit ihrer Freundin, ihrer Mentorin und in ihrer Kleingruppe, aufgebaut hat, wuchs ihr Glaube und ihr Leben änderte sich. Beim Entdecken der Kraft, die von christuszentrierten Beziehungen ausgeht, wird klar: Der Glaube braucht liebevolle Gemeinschaft.

Im 6. Kapitel ging es um Beziehungen statt Unterricht. Eines macht dieser Brief deutlich: Wenn wir damit weitermachen, Glaube bloß zu unterrichten, wird es der nächsten Generation an der Freude fehlen, die in Beziehungen wächst. Gott hat uns für Beziehungen geschaffen, daher sagte er: *„Es ist nicht gut, dass der Mensch allein ist. Ich will ihm eine Hilfe machen, die ihm entspricht.“* (Gen 2,18)

Die Firmvorbereitung ist die ideale Gelegenheit, der nächsten Generation zu zeigen, wie wichtig Beziehungen sind, um im Glauben zu wachsen. Das Mentoring-Programm ist das Rückgrat unserer Firmvorbereitung. Darauf aufbauend sollen unsere Firmlinge in altersübergreifenden Diensten und Kleingruppen christuszentrierte Beziehungen erleben können.

Generationenverbindende Dienste

Im 9. Kapitel ging es um die Wichtigkeit von Diensten und Mission. Das gibt unseren Firmlingen nicht nur die Gelegenheit, Gott und andere zu lieben, sondern bringt sie auch in Kontakt mit Männern und Frauen, die ihren Glauben aktiv leben. Die Jugendlichen interessieren sich zunächst für einen bestimmten Dienst. Aber mit der Zeit beginnen sie zu verstehen, dass es im Glaubensleben um mehr geht als um persönliches Gebet. Wenn sie gemeinsam mit anderen dienen, begreifen sie, dass die Gemeinschaft wichtig ist, um mehr über Gott zu erfahren. Der Brief eines Firmkandidaten beschreibt das gut:

Der technische Dienst in meiner Pfarrgemeinde wird gänzlich von Freiwilligen gemacht. Wir richten die Kameras ein und sind für Licht, Musik und Ton während der Messe verantwortlich. Wir sind der symbolträchtige „12." Mann der Pfarrgemeinde Nativity. In der Zusammenarbeit mit den anderen Freiwilligen lernte ich die Definition von Geben kennen. Diese Leute kommen jede Woche her, geben ihr Bestens und erwarten nichts im Gegenzug. Sie sind die großzügigsten Menschen, die ich kenne, und ich liebe ihre Ideale. Ich helfe bei den Kameras mit, wann immer es nötig ist. Ich komme, gebe mein Bestes und verbringe dort eine wundervolle Zeit. Jedes Mal, wenn ich die Kamera einstelle und mein Headset aufsetze, bekomme ich einen Einblick in die Welt der Filmproduktionen. Ich bin sehr froh, dass ich hier mitmachen darf. Dadurch wurden für mich zwei Türen geöffnet. Ich weiß nun, dass ich gerne mit der Kamera arbeite und mir das als Beruf vorstellen kann. Die Gegenwart dieser Menschen hat mir geholfen zu erkennen, dass Gott uns zu liebenswerten Menschen formt, die andere an erste Stelle setzen. Sie versuchen, ihr Leben für Gott zu geben, und werden zu den verborgenen Helden und Heldinnen unserer Generation.

Der Glaube dieses Jugendlichen entwickelte sich wegen der Menschen, die gemeinsam mit ihm dienten. Er sah sich als Teil eines Teams, was für die Jüngerschaft der Jugendlichen sehr wichtig ist. Es zeigt, dass Jüngerschaft Gemeinschaft braucht, und dass der Erfolg der Kirche nicht nur auf den Schultern des Klerus ruht, sondern dass alle Christen und Christinnen dazu berufen sind.

Um den Firmlingen zu generationenverbindenden Beziehungen zu verhelfen, tun Sie folgendes:

Wahrscheinlich gibt es in Ihrer Pfarrgemeinde Männer und Frauen, die ihren Dienst lieben, die aber nicht verstehen, wie wichtig es ist, in die nächste Generation zu investieren. Das ist in Ordnung so. Sie sind auf ihrem Glaubensweg noch nicht weiter. Aber es gibt Menschen, die so sehr lieben, was sie tun, dass sie es gern mit anderen teilen, besonders mit den Firmlingen. Finden Sie diese Menschen und bringen Sie sie an einen Tisch, damit sie Ihre Vision kennenlernen. Bitten Sie diese Menschen, ein offenes Auge für Gelegenheiten zu haben, wo sie nicht nur lehren können, was sie tun, sondern auch vermitteln, warum es Auswirkungen auf ihren Glauben hat. Wenn Sie dieses Team zusammengestellt haben, wissen Sie, wohin Sie die Firmlinge schicken können, sodass sie nicht nur eine Erfahrung des Dienens machen, sondern auch erwachsene Jünger und Jüngerinnen kennenlernen, die in ihre Zukunft investieren wollen.

Bringen Sie Mentoren und Mentorinnen mit Leitern und Leiterinnen zusammen und bauen Sie ein Team rund um die Firmlinge auf. Ermutigen Sie sie dazu, darüber zu sprechen, was die Firmlinge gut machen, was sie besser machen könnten und wie sie ihnen Glauben vermitteln können.

Das Team sollte sich über die Gesprächsinteressen der Firmlinge austauschen. Je mehr sie miteinander kommunizieren, desto größeren Einfluss werden sie auf den Glaubensweg der Jugendlichen haben.

Kleingruppenpastoral

Durch die Erfahrungen der Firmlinge mit ihren Mentoren und Mentorinnen vorbereitet, hoffen wir, dass die Jugendlichen sich einer Oberstufenjugendgruppe anschließen. Kleingruppen sind ein wichtiger Teil unserer Pfarrgemeinde. Sie sind der Ort, an dem unsere große Pfarrgemeinde zu einem vertrauten und persönlichen Ort wird.

Was zunächst als Angebot für Schüler und Schülerinnen der Oberstufe begonnen hatte, wurde zu einem Ort, an dem Menschen Seelsorge erfahren. Hier haben sie die Gelegenheit, anderen mitzuteilen, was in ihrem Leben geschieht und sich weiter mit der Botschaft der Predigt zu beschäftigen, die sie am Wochenende gehört haben. Im Buch REBUILT von Tom Corcoran und Father Michael White lesen wir: *„Die Macht der Kleingruppen kommt von den Beziehungen, in denen Gespräche zu Bekehrung führen.“* (Seite 169)

Die nächste Generation wird offener und sicherer in der Entdeckung ihres Glaubens sein, wenn sie von verantwortungsbewussten Menschen umgeben ist.

In der Kleingruppe können die Jugendlichen über ihren Glauben sprechen, ohne beurteilt zu werden. Wenn sie sich frei fühlen, über ihre Schwierigkeiten und Erfolge zu sprechen, können sie Vertrauen aufbauen. In diesen Beziehungen lernen sie, einander und Gott zu vertrauen.

Wir möchten, dass unsere Firmlinge so viele christuszentrierte Beziehungen wie möglich führen. Durch das Mentoring haben sie Erwachsene, die in sie investieren. In den Kleingruppen können sie mit Gleichaltrigen im Glauben wachsen. Beim Mitarbeiten in den Diensten lernen sie, mit verschiedenen Generationen auszukommen.

Je mehr Beziehungen sie in der Pfarrgemeinde haben, desto enger fühlen sie sich mit ihr verbunden. Das wird besonders wichtig, wenn sie zu studieren beginnen und wegziehen. Wir sind überzeugt davon, dass sie auch dann nach christlichen Beziehungen suchen werden. Ein idealer Ort dafür ist die Campuspastoral und die dortige Pfarrgemeinde.

Im 2. Kapitel gib es mehr zum Kleingruppenprogramm. Für den Anfang versuchen Sie folgendes:

Finden Sie authentische und geduldige Erwachsene

Kleingruppenleiter und -leiterinnen sind keine Leute, die schon alles wissen. Es sind Menschen, die Gott lieben, die andere lieben und denen ihr katholischer Glaube sehr wichtig ist. Es sind Männer und Frauen, die verstehen, dass der Glaube ein Weg ist und die Jugendliche gerne auf diesem Weg begleiten möchten.

Suchen sie Männer und Frauen, die gut zuhören können.

Solche Menschen nehmen auch die Emotionen wahr, die nicht ausgesprochen werden. Sie werden eine Gemeinschaft von Jugendlichen schaffen, die einander ermutigen und füreinander Verantwortung übernehmen.

Entwickeln Sie eine einfache Struktur

Kleingruppen sollten nicht kompliziert sein. Sie sind das, wonach es klingt: eine kleine Gruppe von Menschen, die sich treffen, um ihr Leben zu teilen, um gemeinsam zu beten und miteinander zu wachsen. Unsere Oberstufengruppen treffen sich immer donnerstags, die Gruppen der Mittelstufe treffen sich sonntagabends. Warum gerade an diesen Tagen?

Donnerstag ist gut für die Jugendlichen aus der Oberstufe. Sie sind nicht mehr so angespannt, weil das Wochenende naht, und treffen sich um 19.00 Uhr, damit sie vorher noch genug Zeit haben, um nach Hause zu gehen und sich nach dem Sport umzuziehen.

Die Jugendlichen aus der Mittelstufe treffen sich am Sonntagabend, damit sie von den Eltern zum Pfarrzentrum gefahren werden können. Wir fangen nach 18.30 Uhr an, um zu ermöglichen, dass sie gemeinsam mit ihren Familien zu Abend essen und nicht zu spät heimkommen, weil sie am nächsten Tag wieder in die Schule müssen.

Jede Gruppe besteht aus sechs bis acht Jugendlichen mit zwei leitenden Erwachsenen. Sie sind nach Alter und Geschlecht getrennt. Es ist natürlich möglich, mit gemischten Gruppen zu arbeiten, aber uns sind fokussierte Gespräche wichtig und dass es so wenige Ablenkungen wie möglich gibt.

Lassen Sie sich Zeit

Jetzt treffen sich unsere Gruppen dauerhaft, aber gestartet haben wir mit sechs wöchentlichen Treffen im Herbst und sechs in der Fastenzeit. Das war ein leichterer Einstieg für die Jugendlichen und die Leitungsteams. Mit der Zeit trugen die Gruppen Früchte und wollten sich öfter treffen. Daher treffen sie sich inzwischen wöchentlich von September bis Mai.

Wenn Sie Ihre Firmvorbereitung verbessern möchten, sollten Sie andere Programme und Angebote in Ihre Überlegungen miteinbeziehen. Generationenverbindende Angebote und Kleingruppen sollten regelmäßig stattfinden und zentral im Pfarrzentrum angeboten werden. Das Beste wäre, wenn die Jugendlichen bereits Teil eines Programms sind, bevor sie mit der Firmvorbereitung beginnen. Sie machen eine tiefere Erfahrung in der Sakramentenvorbereitung, wenn sie schon erlebt haben, wie hilfreich die Gruppe für die eigene Entwicklung ist, und dass Glaube nicht privat ist, sondern geteilt und mit anderen gefeiert werden soll.

Bevor Sie beginnen, Ihre Firmvorbereitung völlig neu aufzustellen, sollten Sie andere Möglichkeiten suchen, wie sie Jugendliche in die Pfarrgemeinde eingliedern können. Wenn sie vielfältig mit der Pfarrgemeinde verbunden sind, können sie am Beginn eines neuen Lebensabschnittes dort Halt finden.

12. Jüngerschaft und gelebte Praxis

Wenn ihr betet, sollt ihr nicht plappern wie die Heiden, die meinen, sie werden nur erhört, wenn sie viele Worte machen. Macht es nicht wie sie; denn euer Vater weiß, was ihr braucht, noch ehe ihr ihn bittet. (Mt 6,7-8)

Gebet ist ein Gespräch mit Gott. Leider wissen die meisten Jugendlichen, die sich auf das Sakrament vorbereiten, nicht, wie sie dieses Gespräch beginnen sollen. Während der Firmvorbereitung geben wir ihnen Handwerkszeug mit, um ihren Glauben durch Gebet, Lesen der Heiligen Schrift und sakramentales Leben zu üben. Mit diesem Werkzeug werden sie erkennen, dass Glaube eher eine Beziehung als ein Regelwerk ist.

Ich liebe den Film „Meine Braut, ihr Vater und ich" mit Ben Stiller und Robert De Niro in den Hauptrollen. Stiller spielt einen jungen Mann, der verliebt ist, zum ersten Mal auf die Eltern der Braut trifft und sich deren Segen für die Ehe erhofft. Im Film gibt es viele Situationen, wo Greg (Stiller) alles tut, um Jack (De Niro) zu beeindrucken. Meine Lieblingsszene ist, als Jack Greg bittet, das Tischgebet zu sprechen. Nervös stimmt er zu und sagt:

„Großer Gott, danke schön. Danke schön. Du bist ein so guter Gott, danke schön. Du freundlicher, sanftmütiger und wohlmeinender Gott. Danke schön, Du guter Herr und Hirte für das Smörgåsbrod, mit welchem Du so trefflich unseren Tisch gedeckt hast, heute und all die Jahre, jahrelang, Jahr um Jahr um Jahr. O großer Gott, den Dank, wir bringen dar, alles, was Du uns beschert, was unser Herz begehrt, darum sei Du von uns verehrt, auf ewig, auf ewig. Amen."

Es gibt leider Firmlinge, die sich sehr schwer damit tun, ein Gespräch mit Gott zu beginnen. Das kann einerseits lustig sein, andererseits ist es frustrierend bei der Zusammenarbeit. Es fehlt ihnen nicht nur das Wissen, sie sind auch sehr unsicher. Jedes Mal, wenn ich Firmlinge, deren Mentor ich bin, bitte zu beten, ist es fast so, als würde ich sie bitten, in einem gut besuchten Restaurant auf einen Stuhl zu klettern und zu rufen: *„Ich liebe SpongeBob!"*

Das ist eine Herausforderung, weil uns so viel darüber erzählt wurde, wie wir unseren Glauben praktizieren sollen. Uns wird gesagt, dass das so und so gemacht werden muss, während man es anders macht. Und man muss sich an das halten und über dies nachdenken. Manchmal glaube ich, ein Raumschiff zu navigieren, wäre einfacher.

Unseren Glauben zu praktizieren sollte nicht kompliziert sein. Er soll kein Regelwerk sein, sonst laufen wir Gefahr, wie die Pharisäer zu sein, denen Jesus sagte:

„Weh euch, ihr Schriftgelehrten und Pharisäer, ihr Heuchler! Ihr seid wie die Gräber, die außen weiß angestrichen sind und schön aussehen; innen aber sind sie voll Knochen, Schmutz und Verwesung." (Mt 23,27)

Der nächste Schritt, den alle unsere Firmlinge lernen sollen, ist wie sie ihren Glauben durch Gebet, Bibelstudium und die Sakramente leben können. Natürlich gibt es auch andere Wege, um seinen Glauben zu praktizieren, aber Gebet, Bibelstudium und Sakramente bieten die Möglichkeit, Gott persönlich zu begegnen.

Der heilige Isidor von Sevilla schreibt:

„Wer immer bei Gott sein will, muss viel beten und viel in der Heiligen Schrift lesen. Wenn wir beten, sprechen wir mit Gott, wenn wir lesen, spricht Gott zu uns."

Kurz gesagt, wir wollen, dass die Firmlinge eine persönliche und authentische Beziehung mit Jesus Christus aufbauen.

Gebetspraxis

Beten ist ein Gespräch mit Gott. Lange Zeit dachte ich, dass es nur darum geht, wie wir zu Gott sprechen, aber in Wirklichkeit ist es ein Gespräch. Es geht darum zu lernen, nicht nur zu ihm zu sprechen, sondern auch auf ihn zu hören. Wenn nach dem Beten unsere Erwartungen nicht erfüllt werden, sind wir oft enttäuscht. Wir möchten vermeiden, dass unsere Firmlinge falsche Erwartungen haben. Wir wollen, dass sie verstehen, dass Gott mit uns auf vielerlei Weise kommuniziert.

Es ist sehr wichtig, ihnen zu erklären, wie Gott kommuniziert oder uns antwortet. Oft fragen sie sich: *„Warum kann ich Gott nicht ebenso hören, wie die Menschen vor tausenden von Jahren?"* Anstatt den Jugendlichen verschiedene Arten von Gebet beizubringen, müssen wir ihnen zeigen, wie man betet. Christus hat dasselbe mit seinen Jüngerinnen und Jüngern getan.

Wie funktioniert das? Unsere Mentoren und Mentorinnen machen Übungen mit ihnen, in denen bestimmte Geschichten aus der Heiligen Schrift vorkommen, die verschiedene Arten der Begegnung mit Gott beinhalten.

Wir nehmen dazu folgende Lesungen:

Ex 3,1 – 14: Mose begegnet dem brennenden Dornbusch
Gott spricht durch Zeichen zu uns

Ri 6,12 – 25.36 – 40: Der Engel des Herrn erscheint Gideon
Gott sendet Botinnen und Boten, um seine Pläne kundzutun

1 Kön 19,11 – 18: Der Herr erscheint Elija
Gott lässt sich mitten in der verrückten Welt in der Stille finden

1 Sam 3: Der Herr beruft Samuel
Die Stimme Gottes zum ersten Mal hören

Apg 10,1 – 23: Kornelius ruft nach Petrus
Gott spricht im Traum zu seinem Volk

Sind das die einzigen Begegnungen, die Gott mit Menschen hat? Nein! Wird Gott nur auf diese Weise zu uns sprechen? Natürlich nicht! Die Erklärung dieser Schriftstellen bringt lediglich den Ball ins Rollen. Wir möchten, dass unsere Firmlinge darüber nachdenken, dass sie Gottes Sprechen zu ihnen auch falsch verstehen können.

Ablauf: Nachdem der Firmling und der Erwachsene eine Bibelstelle ausgesucht haben, denken sie darüber mit Hilfe dieser Fragen nach: Wer spricht mit Gott? Wie hat Gott mit dieser Person kommuniziert? Was hat Gott gesagt? Wie war die Reaktion?

Durch diese Beispiele sollen die Jugendlichen sehen, wie Gott mit uns umgeht. Es ist unmöglich, alle Aspekte zu benennen, wie Gott in unserem Leben wirkt, daher haben wir einige ausgewählt.

Danach tauschen sich beide darüber aus, wie das Gelernte angewendet werden kann. Die Mentoren und Mentorinnen sprechen mit den Jugendlichen über ihre persönlichen

Gebetsweisen. Einige beten gern den Rosenkranz, andere das Stundengebet, wieder andere pflegen das stille Gebet oder die Anbetung. Die Erwachsenen können die Jugendlichen dabei unterstützen, die verschiedenen Arten von Gottes Kommunikation mit uns zu verstehen, indem sie ihnen verschiedene Methoden und Hilfen für das persönliche Gebet vorstellen.

Die Heilige Schrift

In meiner Familie gab es eine komplette Ausgabe der Encyclopedia Britannica. Als Kind liebte ich es, etwas über Dinosaurier zu lernen, mich mit dem Weltall zu beschäftigen und alles über den Zweiten Weltkrieg zu erfahren. Um sich zurechtzufinden, musste man mithilfe eines Glossars suchen und wissen, was die verschiedenen Bände, Kapitel und Seitennummern bedeuteten. Das dauerte eine Weile, aber wenn man es gelernt hatte, war es kein Problem mehr.

Zu wissen, wie man sich in der Bibel zurechtfindet, ist wichtig. Je sicherer man in der Unterscheidung von Kapitel und Versen, Altem und Neuem Testament, Evangelien und Briefen, den Propheten und den Gesetzbüchern ist, desto wahrscheinlicher ist es, dass man die Bibel lesen wird.

Leider haben viele vergessen, dass die Bibel eine Sammlung von Büchern ist, die aus unterschiedlichen Gründen zu unterschiedlichen Zeiten von verschiedenen Menschen geschrieben worden sind. Die Bibel ist anders zusammengestellt als jedes andere Buch, mit denen die Jugendlichen in Berührung kommen, sie muss auch anders gelesen werden. Ich weiß, dass das für normale Gläubige selbstverständlich ist, aber anzunehmen, dass die nächste

Generation das weiß, wäre ein großer Fehler.

Der erste Schritt, um die Jugendlichen mit der Bibel vertraut zu machen, ist, ihnen Verse nahezubringen, die ihr Interesse wecken. Wir könnten sie wichtige Verse auswendig lernen lassen, aber wir nehmen eine alte Tradition zu Hilfe, die ihnen zeigt, dass die Bibel mehr ist als Worte. Alle unsere Mentoren und Mentorinnen machen sie mit der lectio divina (göttliche Lesung) vertraut. Das ist eine sehr traditionelle Art der Schriftbetrachtung, Meditation und Gebet, die Menschen in Gemeinschaft mit Gott bringen kann. Die Bibel wird nicht als Text betrachtet, den man studieren muss, sondern als das lebendige Wort Gottes.

Es gibt verschiedene Zugänge zu dieser alten Tradition. Unserer ist folgender:

Schritt 1: Wähle einen Text aus, über den du mit den Jugendlichen beten willst. Bei der Auswahl hängt die Länge des Textes davon ab, wozu Gott dich ruft. Das kann ein Vers oder ein ganzes Kapitel sein. Für die Firmlinge ist ein kurzer Text sicher besser.

Schritt 2: Setz dich bequem hin und werde ganz still. Einige Gläubige konzentrieren sich einige Augenblicke lang auf ihren Atem. Andere haben ein Lieblingsgebetswort oder eine Phrase, die sie wiederholen. Einige von uns nehmen das Gebet der Sammlung zu Hilfe, das eine gute Hinführung zur lectio divina ist. Nimm die Methode, die dir entspricht und gönne dir selbst einige Momente der Stille.

Schritt 3: Nimm den Text und lies ihn ganz langsam. Ermutige den jungen Menschen dazu, das Gelesene aufzunehmen und ständig auf die leise Stimme eines Wortes oder einer Phrase zu hören, die sagt: Ich bin heute für dich da. Lass sie wissen, dass dieses Wort oder diese Phrase nicht plötzlich kommt, sondern sich langsam enthüllt. Dieses Wort oder diese Phrase sollen sie wiederholen. Mach dasselbe mit dem Wort, das du in der Übung ausgewählt hast.

Schritt 4: Lies den Text noch einmal. Jetzt sollen sich die Jugendlichen in eine Szene oder Situation versetzen, in der sie zu Gott sprechen. Besprich das anschließend mit ihnen.

Schritt 5: Lies den Text ein drittes Mal und bitte die Jugendlichen darüber nachzudenken, was Gott von ihnen will. Was will Gott ihnen sagen? Was wird durch die Bibel klarer? Wenn Du den Text mit dem Firmling noch einmal lesen möchtest, ist das gut. Man kann sehr lange bei einer Stelle verweilen.

Es gibt auch hier wieder verschiedene Zugänge für die Mentoren und Mentorinnen. Von uns bekommen sie eine Liste mit Bibelstellen:

- **Ps 23:** Der Herr, Hirte und Gastgeber
- **Mt 7,13 – 14:** Die enge Tür
- **Mk 4,35 – 41:** Die Stillung des Sturms auf dem See
- **Lk 22,39 – 44:** Das Ringen Jesu in Getsemani
- **Joh 15,1 – 17:** Der Weinstock und die Reben
- **Phil 2,1 – 11:** Aufruf zu Eintracht und Demut

Wie Sie sehen, sind einige Bibelstellen kürzer als andere. Einige erzählen von Jesus, andere lassen Bilder entstehen. Bei den Lesungen haben wir darauf geachtet, dass sie unterschiedliche Bilder und Gefühle hervorrufen.

Vor einigen Jahren baten wir die Jugendlichen bei Exerzitien, ihre Bibel zur Hand zu nehmen. Mir war es sehr wichtig, dass sie eine von zu Hause mitbrachten. Ich war sehr erstaunt über die verschiedenen Übersetzungen und unterschiedlichen Größen der Bibel. Einige hatten die Familienbibel mitgebracht, die ihre Eltern bei der Hochzeit geschenkt bekommen hatten – ein Dekorationsstück wahrscheinlich. Andere brachten eine Kinderbibel mit, die sie wahrscheinlich zur Erstkommunion geschenkt bekommen hatten. Einer hatte eine anglikanische King James Bibel dabei, die wahrscheinlich den Urgroßeltern gehört hatte.

Mit diesen Jugendlichen in der Bibel zu lesen, war eine Herausforderung, denn es kamen Kommentare wie:

„In meiner Bibel steht das nicht drin."

„Meine Geschichte steht aber auf einer anderen Seite."

„Ich glaube nicht, dass meine Bibel in Englisch ist."

Seit es die Bibel auch am Smartphone und Tablet gibt, ist vieles einfacher geworden. Man kann nach einer Geschichte suchen, nach einem Stichwort oder Vers und bekommt sofort, wonach man sucht. Ich empfehle den Jugendlichen zwar, eine App herunterzuladen, aber sie sollten trotzdem ihre eigene Bibel besitzen.

Wir möchten, dass sie die Bibel als etwas Persönliches betrachten. Sie sollen wissen, dass sie etwas hineinschreiben dürfen, sie ganz weit aufschlagen und auch einen neuen

Einband basteln können. Wir unterstützen sie auch bei der Auswahl einer Bibel und helfen ihnen, eine Übersetzung zu finden, die leicht verständlich und katholisch ist.

Wir möchten, dass die Firmlinge mit der Heiligen Schrift vertraut werden, weil sie wissen sollen, dass sie damit eine Quelle der Weisheit haben, die ihnen helfen wird, sich im Leben zurechtzufinden. Sie sollen Trost in Gottes Wort finden, wenn im Leben alles durcheinander ist. Je besser sie mit der Bibel umzugehen wissen, desto sicherer werden sie in ihrem Glauben wachsen.

Die Praxis des sakramentalen Lebens

Viele Jugendliche kommen bei der Firmvorbereitung zum ersten Mal seit langer Zeit wieder mit den Sakramenten in Berührung. Sie empfangen vielleicht sonntags die Eucharistie, aber seit der zweiten Klasse wurde nicht mehr darüber gesprochen, worum es da geht. Bei der Beichte waren sie auch schon einmal, vielleicht waren sie bei der Taufe oder Hochzeit eines Familienmitgliedes, aber dabei ging es oft mehr um den Kuchen und das gute Essen.

„Christus, der ‚zur Rechten des Vaters sitzt' und den Heiligen Geist in seinem Leib, der Kirche, ausgießt, handelt jetzt durch die Sakramente, die er zur Mitteilung seiner Gnade eingesetzt hat. Die Sakramente sind durch die Sinne wahrnehmbare Zeichen (Worte und Handlungen), die unserer Menschennatur zugänglich sind. Kraft des Wirkens Christi und des Waltens des Heiligen Geistes bewirken sie die Gnade, die sie bezeichnen." (KKK 1084)

Wenn wir der nächsten Generation den Zugang zu den Sakramenten nicht erschließen können, wird sie es schwer haben, Gottes Gnade regelmäßig anzunehmen. Wir bitten unsere Mentoren und Mentorinnen, die Firmlinge zur Beichte zu führen oder mit ihnen gemeinsam zur eucharistischen Anbetung zu gehen. Unsere Firmlinge und deren Familien sind auch über die Beichtzeiten informiert und wissen, wann es in der Diözese ein Angebot zur Berufungsfindung gibt.

Wir arbeiten immer noch daran, neue Wege zu finden, die Jugendlichen mit den Sakramenten vertraut zu machen. Hier bitten wir auch unsere Mentoren und Mentorinnen, dass sie ihre Erfahrungen miteinander austauschen.

Den Glauben einzuüben, mag merkwürdig klingen, wenn es um eine persönliche Beziehung mit Jesus Christus geht. Aber um die Firmlinge für den nächsten Schritt auf ihrem Glaubensweg vorzubereiten, müssen wir ihnen dabei helfeny die Gnade annehmen zu können, die Gott ihnen gibt. Die heilige Margareta Maria Alacoque sagt:

„Bis wir wirklich beten können, sind wir wie Menschen, die Kindern das Gehen beibringen."

Wenn wir Jugendliche zu Jüngern und Jüngerinnen Jesu machen wollen, die andere ebenfalls in die Nachfolge Jesu führen wollen, müssen wir ihnen helfen, aus einer Tradition eine Haltung zu machen.

13. Jüngerschaft und Glaubensweitergabe

Denn so hat uns der Herr aufgetragen: Ich habe dich zum Licht für die Völker gemacht, bis an das Ende der Erde sollst Du das Heil sein. (Apg 13,47)

Ihr Glaube ist etwas Persönliches, aber das bedeutet nicht, dass er privat ist. Jesus trug seinen Jüngern und Jüngerinnen auf, andere Menschen ebenso zu seinen Nachfolgern zu machen. Wir bereiten die Jugendlichen auf den Empfang des Sakraments der Firmung vor, weil wir möchten, dass sie mutig sind und andere Menschen zu Jüngern und Jüngerinnen machen. Das Problem ist, dass es für Jugendliche schwierig sein kann, hinauszugehen und öffentlich ihren Glauben zu bekennen, weil sie akzeptiert werden wollen. Wenn sie hinausgehen und etwas sagen, dem widersprochen wird, wird sich vielleicht jemand von ihnen abwenden.

Ich bin gerne in meine Jugendgruppe gegangen und habe jeden Sonntagabend mit Menschen verbracht, die mich für das liebten und unterstützten, was ich war. Wenn wir gemeinsam zu Einkehrtagen fuhren, war es noch besser, weil es wie eine Flucht vor dem verrückten Leben war und eine Chance, neue Freundschaften außerhalb der Schule zu schließen. Diese Freunde waren großartig. Ich konnte gemeinsam mit ihnen beten und über die Kirche sprechen. Je besser ich sie kennenlernte, desto mehr Zeit wollte ich mit ihnen verbringen. Es war so lange großartig, bis meine Schulfreunde wissen wollten, wo ich meine Zeit verbrachte.

Meine Freunde aus der Schule wussten zwar von meinem Glauben, aber nicht, wie engagiert ich war. Wenn wir uns trafen, kreisten unsere Gespräche immer um Themen wie Schulaufgaben, Sport und alles, was mit der Schule zusammenhing. Ich bin mir sicher, dass meine Schulkameraden wissen wollten, wer die Freunde aus der Pfarrgemeinde waren, die ich Ihnen manchmal bei Verabredungen vorzog.

Sie wussten, dass ich in die Kirche ging und katholisch war. Aber sie wussten nicht, dass ich drei- bis viermal im Jahr auf Exerzitien fuhr. Sie wussten nicht, dass ich diesen anderen Freundeskreis hatte, die zwar andere Schulen besuchten, aber an dasselbe glaubten wie ich.

Über den eigenen Glauben zu sprechen, macht nicht nur Angst. Wir haben es durch unsere Abwehrhaltung noch komplizierter gemacht. Das Sprechen über unseren Glauben verwechseln wir oft mit der Verteidigung des Glaubens. Man sollte zwar über Dogmen Bescheid wissen, aber nicht alle Menschen greifen uns an. Sie wollen einfach wissen, warum das für mich wichtig ist.

Ich erinnere mich nicht, wie dieses Gespräch begann, aber kurz vor einem Fußballtraining diskutierte ich mit einem Mitspieler über die Existenz Gottes. Er machte sich über mich und meinen Glauben lustig und mit jedem Satz von ihm wurde ich frustrierter. Auf jede seiner von Unkenntnis geprägten Aussagen antwortete ich mit ebensolchen. Ich war verärgert und irritiert. Das Problem dabei war, dass andere Menschen uns beobachteten. Ganz egal, ob es ihnen wichtig war, wer von uns Recht hatte, konnten sie sehen, wie ich mich ganz sicher nicht als Jünger Jesu benahm. Mahatma Gandhi sagte einmal: *„Ich mag euren Christus, mir gefallen aber eure Christen nicht. Eure Christen unterscheiden sich* *so sehr von eurem Christus.“*

Viele Jugendliche sehen sich einem Konflikt ausgesetzt. Ihnen gefällt die Vorstellung, eine Beziehung zu Christus zu haben, aber dann gleich Zeugnis geben? Sie möchten nicht mit etwas in Verbindung gebracht werden, das an eine Sekte oder den Ku Klux Klan erinnert. Immer wenn es darum geht, ihren Glauben zu verteidigen, denken sie an Menschen, die Schilder in der Hand halten, schreien und anderen Angst vor der Hölle machen. Unseren Glauben mit anderen zu teilen, sollte für Jugendliche nicht so kompliziert sein, aber wir haben sie die Defensive geschickt.

Ich denke, dass unser Glaube tatsächlich angegriffen wird und dass es Menschen gibt, die das Christentum auslöschen wollen, aber das ist nichts Neues. Es ist in der Tat ein Teil des geistlichen Kampfes, den es seit dem Sündenfall gibt. Aber wenn wir wirklich wollen, dass die nächste Generation hinausgeht und Menschen in die Jüngerschaft Jesu führt, müssen wir ihnen helfen, den nächsten Schritt in der Vermittlung des Glaubens zu gehen und zwar, indem sie investieren und einladen.

Investieren bedeutet, die Menschen um sich herum kennenzulernen. Es geht nicht darum, sie zu überzeugen und dazu zu bringen, dass sie glauben, was Sie glauben, zumindest nicht gleich. Es geht darum, Vertrauen aufzubauen und zwar, indem man sie liebt, ihnen zuhört und ihnen zuspricht, dass sie Kinder Gottes sind. Sobald Vertrauen aufgebaut ist, kann man Gespräche auf einer tieferen Ebene führen. Persönliche Themen, wie Familie, Ängste und Glaube können nun zur Sprache kommen. Wo es Vertrauen gibt, können wir Gott erlauben, Gelegenheiten zu schaffen, die Person einzuladen, um mehr über ihren Glauben zu erfahren.

Als Pfarrgemeinde versuchen wir das zu unterstützen und ermutigen unsere Pfarrmitglieder dazu, andere Leute zur heiligen Messe, zu Angeboten für Jugendliche oder Kleingruppen einzuladen. Wir möchten, dass unsere Pfarrmitglieder – besonders die jungen – überzeugt sind, andere zu etwas Sinnvollem einzuladen.

Bei der Firmvorbereitung legen wir den Fokus auf die Beziehungen zwischen Erwachsenen und Jugendlichen. Wir erinnern die Mentoren und Mentorinnen daran, in die nächste Generation zu investieren und sie einzuladen, mehr über Christus zu erfahren. Am besten funktioniert das, wenn wirklich eine Beziehung zwischen den Mentoren und Mentorinnen, den Jugendlichen und deren Familien entsteht. Die Jugendlichen beginnen zu erkennen, dass Glaube mehr ist als ein religiöses Regelwerk und Tradition. Es geht darum, Beziehungen aufzubauen, in denen Christus präsent ist und erkannt werden kann. Um unseren Jugendlichen dabei zu helfen, tun wir folgendes:

In andere investieren

Man kann leicht auf die Idee kommen, dass die Wahrheit für sich selbst spricht und man jemanden dadurch am Ende eines Gesprächs bekehrt hat. Auch wenn das vorkommen mag, ist es eher unwahrscheinlich.

Wir sagen unseren Jugendlichen, dass sie an eine Person denken sollen, die sie kennen und die noch nicht Christ ist. Für einige von ihnen kann das jemand aus der Schule oder Nachbarschaft sein. Manchmal ist es auch ein Geschwisterkind oder Elternteil. Sie sollen sich eine Person aussuchen, die sie während des Prozesses näher kennenlernen möchten und zunächst überlegen, wie sie dieser Person dienen und sie an die erste Stelle setzen können. Wir möchten zwar auch, dass sie über ihren Glauben sprechen und die Personen zu einer Veranstaltung einladen, bei der sie mit Christus in Kontakt kommen können, aber der Schwerpunkt liegt auf der Beziehung.

Auch das kann für Jugendliche schwierig sein. Jemanden bewusst kennenzulernen, macht einen selbst verwundbar. Es bedeutet auch, sich selbst an die zweite Stelle zu setzen, und das kann sich sehr merkwürdig anfühlen. Wir erinnern die Jugendlichen, dass diese Investition wichtig ist, weil sie Vertrauen aufbaut. Mit diesem Vertrauen kommt auch die Gelegenheit, andere Menschen dazu aufzufordern, ihre Komfortzone zu verlassen.

Versichern Sie ihnen, dass Gott ihnen beisteht

Einige unserer Jugendlichen denken an jemanden und freuen sich richtig darauf, dieser Person den Glauben näherzubringen. Leider wissen sie nicht, wie sie es schaffen können Wir erinnern sie daran, dass wir wöchentliche Angebote für die Mittelstufe haben und die Gottesdienste am Wochenende. Für viele ist das einfacher, weil das Dinge sind, über die sie mit ihren Freunden und Freundinnen bereits gesprochen haben. Aber es bleibt oft eine Herausforderung, andere zur Messe einzuladen.

Daher ist es wichtig, dass die Mentoren und Mentorinnen auch offen über Höhen und Tiefen sprechen, die sie selbst erlebt haben, als sie versuchten, jemanden einzuladen. Die Jugendlichen sollen auch wissen, dass manche Menschen auch nein sagen werden.

Natürlich will niemand das Wort Nein hören. Es ist eine Zurückweisung, die entmutigend ist, aber nur dann, wenn man es persönlich nimmt. Auch daran erinnern wir unsere Jugendlichen. Jemanden zur Messe einzuladen oder über den Glauben zu sprechen, kann auch Angst machen.

Auch wenn in der Beziehung bereits Vertrauen entstanden ist, kann das schwierig sein, weil es bedeutet, aus der Komfortzone auszusteigen. Wir ermutigen die Jugendlichen, geduldig zu sein. Sie sollen sich keine Fristen setzen, sondern für die Person beten.

Wenn sie für die Person beten, bitten sie Gott, das Herz dieser Person zu öffnen und eine Gelegenheit zu schaffen, sodass die Einladung keine Überforderung darstellt. Je mehr sie sich auf Gott verlassen können, desto besser können sie auf der persönlichen Ebene in Menschen investieren und sie einladen.

Die eigene Geschichte entwickeln

In etwas zu investieren und jemanden einzuladen sollen persönliche und authentische Prozesse sein. Aber es ist wichtig, auf diese Momente vorbereitet zu sein. Dazu muss man sich in der eigenen Glaubensgeschichte sicher fühlen.

Natürlich stehen die meisten der Firmlinge nicht ständig auf der Bühne und geben Zeugnis, aber sie sollen das unbedingt lernen. Um sie dabei zu unterstützen, haben wir eine Übung entwickelt, die ihnen dabei helfen soll, ihre eigene Glaubensgeschichte zu schreiben.

Schritt 1: Gebet

Deine Geschichte ist Teil einer größeren Geschichte, sie ist Teil der Geschichte Gottes. Ob du es glaubst oder nicht: deine Geschichte muss mit anderen Menschen geteilt werden. Bevor du noch darüber nachdenkst, wem du die Geschichte erzählen willst, nimm dir in Stille Zeit, um darüber nachzudenken, wie Gott bisher in deinem Leben gewirkt hat. Diese Fragen können dir dabei helfen, deine Gedanken zu sortieren:

- Was ist deine früheste Erinnerung in Bezug auf Gott, Religion, Glaube?
- Was wurde dir als Kind über die Kirche und Gott erzählt?
- Wann hat Gott sich dir zum ersten Mal offenbart? Was war in deinem Leben los?
- Wie war dein Leben, bevor du in Beziehung zu Gott getreten bist?
- Wie ist dein Leben nun, da du ihn kennst?
- Warum sollten andere Menschen Gott kennenlernen?

Schritt 2: Schreib es auf

Einer der Gründe, warum wir unsere Geschichte nicht erzählen, ist, dass wir nicht wissen, wie wir das tun sollen. Auch wenn deine Geschichte persönlich und intim ist, braucht sie eine Person aus Fleisch und Blut, um verständlich zu sein.

Um dein Zeugnis zu strukturieren, kann folgendes hilfreich sein:

- Einführung:

  Sag allen, wer du bist

  Name

  Schule

  Schulstufe

  Ein bisschen was zu deiner Familie

  Was macht dich aus?

- Gott erkennen: hier sprichst du über Glaube, Religion und Gott

  Teil 1: Bevor du Gott kanntest (oder als Kind) was hast du geglaubt? Sprich mit den Gleichaltrigen auch über Missverständnisse über den Glauben. Erzähle davon, welche Probleme, Konflikte und Frustrationen dein Leben trübten.

  Teil 2: Wann hat sich dein Bild von Gott verändert? Sprich über den Moment, das Gespräch oder die Erfahrung, die dein Leben und die Beziehung zu Gott verändert hat.

- Wie sich dein Leben verändert hat: Bist du gewachsen, seit Gott in deinem Leben wirkt? Warum bist du mehr mit dir im Reinen? Wie kannst du Gott besser vertrauen?

Der Grund, warum du deine Geschichte erzählst, ist, um anderen zu zeigen, wie Gott dein Leben erfüllt. Das bedeutet nicht, dass alles perfekt ist. Es bedeutet aber, dass du alles klarer siehst.

Schritt 3: Umsetzung

Sei nicht schockiert, wenn du deine Geschichte das erste Mal erzählst und sie lustig oder verwirrend klingt. Es ist schwierig, das in Worte zu fassen und es braucht auch Übung. Lies es zuerst jemandem vor, mit dem du gut befreundet bist oder einem Familienmitglied, das dich und deine Geschichte kennt. Sie können dir dabei helfen herauszufinden, was fehlt und was überarbeitet werden soll.

Wenn du zufrieden mit dem Ergebnis bist, lerne es auswendig. So machst du es wirklich zu deiner Geschichte und erlaubst Gott, durch dich zu sprechen.

Die eigene Geschichte aufzuschreiben gibt Firmlingen die Gelegenheit darüber nachzudenken, wie Gott in ihrem Leben wirkt. Sie reflektieren, was er tut und wohin er sie führt. Wenn die Firmlinge das für sich geklärt haben, gewinnen sie an Sicherheit. Wenn sie sicher sind, wird es mehr Gelegenheiten geben, diese Geschichte wirklich zu erzählen und andere dadurch einzuladen.

Erfolge feiern

Das Frustrierende an dieser Strategie ist, dass man nicht weiß, ob man etwas bewirkt hat oder nicht. Wahrscheinlich hörst du einige Mal ein Nein, bis du zu einem Vielleicht kommst. Vielleicht investierst du Jahre in eine Person und weißt nicht, ob sie zuhört und ob ihr wirklich wichtig ist, was du sagst.

Um unsere Firmlinge dabei zu unterstützen, helfen wir ihnen dabei, auch kleine Erfolge zu erkennen.

Darum sollten sie bei diesem Prozess nicht alleingelassen werden.

Wir hatten eine Firmkandidatin, deren Vater nicht in die Kirche ging. Als ihre Mentorin sie nach dem Grund fragte, meinte sie: *„Ich weiß es nicht. Meine Mutter hat uns immer zur Kirche gebracht."* Die Mentorin fragte sie, wie sie die Situation empfand und erkannte, dass es das Mädchen sehr aufregte.

Die Mentorin sagte ihr, dass es schwierig sein kann, wenn Familienmitglieder etwas nicht schätzen, was einem selbst wichtig ist. Sie ermutigte das Mädchen dazu, zu beten und die Situation vor Gott zu bringen. Während der Firmvorbereitung kam das Thema einige Male zur Sprache. Jedes Mal sprachen sie darüber, wie das Mädchen ihrem Vater von den Erlebnissen auf ihrem Glaubensweg erzählen könnte.

Eines Sonntags gab es eine Überraschung für ihre Mentorin, die gemeinsam mit ihrem Mann die heilige Messe besuchte. Sie sah dort die ganze Familie des Mädchens. Die Mentorin begrüßte das Mädchen und dessen Familie, ohne besonderes Aufhebens um die Anwesenheit des Vaters zu machen, und merkte, dass das Mädchen strahlte.

Auf die spätere Nachfrage, was geschehen war, sagte das Mädchen: *„Es war ganz einfach. Ich sagte ihm, wie wichtig es mir sei, dass er mich begleitet und er stimmte zu."*

Einfach zu fragen, klingt zwar einfach, hat aber große Auswirkungen. Das Mädchen hatte die Freude, die Früchte ihrer Bemühungen zu erkennen, und wurde auf ihrem Weg von der Mentorin unterstützt.

Die Frohe Botschaft zu verkünden ist eine Herausforderung, aber eine notwendige. Wenn das fehlt, dann bleibt der

Glaube für die Jugendlichen Privatsache. Wenn man in andere Menschen investiert und sie einlädt, eine Beziehung zu Jesus Christus einzugehen, tut man das, was sich Papst Franziskus für die Kirche wünscht:

„Wenn die Kirche zum Einsatz in der Verkündigung aufruft, tut sie nichts anderes, als den Christen die wahre Dynamik der Selbstverwirklichung aufzuzeigen: 'Hier entdecken wir ein weiteres Grundgesetz der Wirklichkeit: Das Leben wird reifer und reicher, je mehr man es hingibt, um anderen Leben zu geben. Darin besteht letztendlich die Mission.'" (Evangelii Gaudium 10)

Wenn Sie der nächsten Generation dabei helfen, ihre eigene Geschichte weiterzusagen, begleiten Sie sie auf einem Weg jenseits der Kirchenmauern. Sie lassen sie erkennen, dass Glaube nicht nur etwas Persönliches ist. Wenn Sie ihnen bei der Vermittlung des Glaubens helfen, helfen Sie ihnen auch dabei zu erkennen, wie sehr Gottes Liebe unser Leben verändert.

Teil V: Ein Fundament bauen

14. Eine klare Botschaft formulieren

Da sagte er zu den Juden, die zum Glauben an ihn gekommen waren: „Wenn ihr in meinem Wort bleibt, seid ihr wahrhaft meine Jünger. Dann werdet ihr die Wahrheit erkennen und die Wahrheit wird Euch befreien." (Joh 8,31 – 32)

Wir leben in einem Zeitalter der Informationsüberflutung. Einfach nur das Evangelium und die Lehre der Kirche zu verkünden, würde dem ganzen Lärm, dem die Jugendlichen täglich ausgesetzt sind, nur noch mehr davon hinzufügen. Wir nehmen an, dass die Jugendlichen denken, dass alles, was wir zu sagen haben, eine Bedeutung für ihr Leben hat, weil wir die Kirche sind. Tatsächlich ist aber nicht immer alles klar, was wir sagen – auch wenn wir das annehmen – weil die Jugendlichen nicht am richtigen Ort sind, um es zu hören. Um die nächste Generation zu Jüngern und Jüngerinnen heranzubilden, die die Lehre der Kirche und das Wort Gottes begeistert annehmen, müssen Sie wissen, wie Sie die Botschaft rüberbringen.

Dazu erzähle ich Ihnen ein Beispiel aus meiner Erfahrung:

Es war an einem wieder einmal frustrierenden Abend im Rahmen meiner Jugendpastoral. Es konnte nicht mehr schlimmer kommen, zumindest dachte ich das. Plötzlich kam ein Kleingruppenleiter auf mich zu und fragte mich: *„Chris, darf ich dir einen Rat geben?“* Ich sagte ja, obwohl ich gerade jetzt keine Kritik hören wollte. Er sagte: *„Du machst eine großartige Arbeit, aber du redest einfach zu lange.“* Er hatte Recht. Ich hatte die Aufmerksamkeit der Jugendlichen für die ersten zehn Minuten, doch während der restlichen 30 Minuten taten sie einfach, was sie wollten. Obwohl der Kleingruppenleiter Recht hatte, wollte ich das vor ihm nicht zugeben. Es war mir einfach peinlich. Ich war auch stur und stolz. Er war ein guter Mann, aber ich wollte nicht zugeben, dass ich schwach war und etwas falsch gemacht hatte. Also wies ich ihn ab. Ich sagte: *„Danke für deinen Rat, aber ich stimme dir nicht zu. Ich glaube, das sind einfach nur schwierige Jugendliche.“* Obwohl er nicht meiner Meinung war, erkannte er, dass mein Ego verletzt war und anstatt mich zurückzustoßen, zeigte er mir seine Liebe, und sagte nur: *„Ja, wahrscheinlich hast du Recht.“*

Ich liebe es zu sprechen und ich liebe es ,das Evangelium zu verkünden. Trotzdem war ich nie ein guter Redner. Diese Tatsache anzunehmen war sehr schwierig für mich, besonders weil ich einen Abschluss in Kommunikationswissenschaften habe. Dazu hatte ich Sprechunterricht besucht, ich spielte Theater und war schon zwei Jahre in der Jugendpastoral tätig – warum sollte ich also nicht gut sein? Das liegt daran, dass Katechese mehr ist als die Weitergabe von Informationen. Die US-Bischöfe sagen in ihrem Schreiben „Erneuerung der Vision: Ein Rahmen für katholische Jugendpastoral“: *„Der Dienst der Katechese fördert das Wachstum des katholischen Glaubens in allen drei Dimensionen – Vertrauen (Herz),*

Wissen und Glauben (Verstand) und Tun (Wille). Das Ziel sollte sein, dass alle katholischen Jugendlichen an einem Katechese-Programm teilnehmen.“

In anderen Worten: Bei der Jugendpastoral geht es darum, dass die Herzen geöffnet werden, um Gott zu lieben und eine Generation dazu zu bringen, tiefer in christliche Jüngerschaft einzutauchen. Viel zu oft werfen wir den Jugendlichen ein Buch hin und fordern sie auf, sich alles zu merken. Oder wir sprechen stundenlang über etwas, das uns wichtig ist, aber keine Bedeutung für ihr Leben hat. Wenn wir die Jugendlichen zu einer tieferen Beziehung mit Jesus Christus und dem katholischen Glauben bewegen wollen, müssen wir wissen, was wir sagen, wann wir es sagen und wie wir es sagen, damit sie es hören können. Um der nächsten Generation die Weisheit zu geben, die sie braucht, um in der Jüngerschaft zu wachsen, braucht es sowohl eine Langzeit- als auch eine Kurzzeitplanung.

Langzeitplanung

Stellen Sie sich typische Jugendliche im Alter von 14 oder 15 Jahren vor (oder von zehn bis elf Jahren, wenn sie für die Mittelstufe zuständig sind) und fragen Sie sich: *„Was sind die wichtigsten Wahrheiten, die Jugendliche wissen sollten, nachdem sie bei uns waren?“* Vielleicht möchten Sie sagen: *„Alle natürlich.“* Doch Sie müssen Ihre Grenzen kennen. Idealerweise haben Sie mindestens eine Stunde pro Woche oder 40 Stunden im Arbeitsjahr, und das drei oder vier Jahre lang. Das bedeutet, dass sie insgesamt 160 Stunden zur Verfügung haben, um ihnen so viel Information wie möglich zu vermitteln. Natürlich fallen mir mindestens

160 Themen ein, über die wir diskutieren könnten, doch es bleiben nur wenige hängen.

Sie müssen einen Plan entwickeln, der Ihnen dabei hilft, dass die Jugendlichen einige Wahrheiten und Glaubenssätze gerne annehmen, die Wachstum in ihren Herzen, ihrem Verstand und ihrem Willen fördern. Um das zu tun, müssen Sie sich daran erinnern, warum Sie existieren. Zur Erinnerung: In Nativity besteht unser Pastoraler Dienst darin, die nächste Generation von Jüngern und Jüngerinnen heranzubilden, die wiederum andere für die Nachfolge Jesu gewinnen werden, sodass wir andere Pfarrgemeinden dazu ermuntern können, dasselbe zu tun. Das bedeutet, dass die Jugendlichen folgendes lernen müssen:

1. Gott lieben

Es ist wichtig, dass die Jugendlichen lernen, warum sie eine authentische und liebevolle Beziehung mit Gott brauchen. Das bedeutet, ihnen verschiedene Wege beizubringen, Gott mit ihrer Zeit, ihren Schätzen und ihren Talenten zu ehren und ihnen zu zeigen, wo sie diese Lektionen oder Botschaften in der Heiligen Schrift und im Katechismus finden können. Je mehr sie sich auf ihre Beziehung mit Gott konzentrieren, desto eher werden sie den Sinn ihres Lebens erkennen. Helfen sie ihnen dabei, in ihrem Alltag das anzunehmen, was Jesus beim Letzten Abendmahl seinen Jüngern gesagt hat:

„Bleibt in mir, dann bleibe ich in Euch. Wie die Rebe aus sich keine Frucht bringen kann, sondern nur, wenn sie am Weinstock bleibt, so könnt auch ihr keine Frucht bringen, wenn ihr nicht in mir bleibt. Ich bin der Weinstock, ihr seid die Reben. Wer in mir bleibt und in wem ich bleibe, der

bringt reiche Frucht; denn getrennt von mir könnt ihr nichts vollbringen.“ (Joh 15,4 – 5)

Je mehr die Jugendlichen lernen, Gott treu zu bleiben, desto mehr werden sie seine Gegenwart spüren. Je mehr sie seine Gegenwart spüren, desto mehr werden sie dazu bewegt, tiefer zu gehen. Die Jugendlichen müssen aber nicht nur lernen, Gott zu lieben, sondern auch folgendes zu beachten:

2. Deine Nächsten lieben

Jugendliche wissen, dass sie ihre Nächsten lieben sollen. Wir sollten sie bei folgender Frage unterstützen: *„Wie liebe ich?“* Und ihnen zeigen, wie Jesus möchte, dass wir miteinander umgehen. Gehen Sie mit ihnen verschiedene Schriftstellen durch, wie die Bergpredigt (Mt 5 – 7), machen Sie sie mit den Prinzipien der Katholischen Soziallehre vertraut und geben sie ihnen missionarische Gelegenheiten, das in die Tat umzusetzen. Dann erfahren sie, was Jesu zweites Gebot meint: *„Ein neues Gebot gebe ich Euch: Liebt einander! Wie ich Euch geliebt habe, so sollt auch ihr einander lieben.“* (Joh 13,34)

Wenn die Jugendlichen authentische, verlässliche und liebevolle Beziehungen aufbauen können, wird ihnen das helfen, in ihrer Beziehung mit Gott zu wachsen.

3. Jünger und Jüngerinnen gewinnen

Christlicher Glaube muss persönlich sein, aber nicht privat. Es ist viel einfacher, jemandem beizubringen, Religion zu konsumieren als den Glauben weiterzugeben. Jugendpastoral soll vermitteln, warum es wichtig ist, zu evangelisieren und soll Beispiele dafür liefern, wie das gelingen kann.

Die Geschichten von Heiligen oder die Begegnungen Jesu mit den Verlorenen können als Beispiel dienen, wie wir Gottes Liebe weitergeben können. Sobald Sie wissen, wie ihre Langzeitplanung aussieht, konzentrieren Sie sich in der Kurzzeitplanung darauf, alles in kleine Portionen aufzuteilen.

Kurzzeitplanung

Wir teilen das Arbeitsjahr in Einheiten auf, die wir Lehrserien nennen. Das bedeutet, dass Inhalte unserer Groß- und Kleingruppen in Serien aufgeteilt sind, die vier bis sechs Wochen lang dauern und von Mai bis Juli gehen. In jeder Serie geht es um ein bestimmtes Thema, das für das Leben der Jugendlichen wichtig ist und ihnen dabei hilft, Gott zu lieben, die Nächsten zu lieben und Jünger und Jüngerinnen zu gewinnen. In den Lehrserien bearbeiten wir das Thema mithilfe des Liturgischen Kalenders und des Katechismus. Es ist zwar wichtig, ein Thema zu haben, aber es notwendig, dass dieses Thema auf etwas ganz Konkretes heruntergebrochen wird. Hierbei müssen wir ganz genau wissen, was die Jugendlichen lernen sollen.

In ihrem Buch Tools for Rebuilding fragen die Autoren Michael White und Tom Corcoran: *„Haben Sie eine Botschaft? Beweisen Sie es: Können Sie Ihre Botschaft in einem Satz zusammenfassen? Schaffen Sie es, Ihrer Gemeinde in einem Satz zu sagen, was sie wissen und was sie tun sollte?"* In anderen Worten: *„Was ist die Quintessenz Ihrer Botschaft? Was sollen sie wissen und mit dieser Information anfangen?"*

Wenn wir uns z. B. mit dem Thema Sorgen beschäftigen, wollen wir sicherstellen, dass die Jugendlichen wissen, dass Gott größer ist als all ihre Sorgen. Sie können ihre Probleme und Schwierigkeiten Gott übergeben und seiner beständigen Sorge um uns vertrauen. Während der vier bis sechs Wochen dieser Serie geben wir ihnen Beispiele aus der Bibel und dem Leben anderer Menschen. Manchmal empfehlen wir ihnen, ein bestimmtes Buch zu lesen oder eine bestimmte App herunterzuladen. Ein anderes Mal bekommen sie ein Give-away, wie eine Postkarte mit einem Merkvers, um die Quintessenz zu betonen.

Um die Botschaft weiter zu verankern, sollten Sie sichergehen, dass sie in Ihrer Pastoral flächendeckend vorkommt. In Nativity achten wir darauf, dass die Musik, Fragen in den Kleingruppen, Botschaften und Aktivitäten dem entsprechen, was die Jugendlichen wissen und tun sollen. Die Botschaft, die die Jugendlichen hören ähnelt der, die ihre Eltern in der Predigt und die sie in ihren Kleingruppen hören. Das ist ein Teil unserer gemeinsamen Initiative, die wir *„Eine Kirche. Eine Botschaft“* nennen.

Unser Team, das für die Botschaft zuständig ist, trifft sich wöchentlich, um die nächsten Serien zu besprechen und abzustimmen, was die Kinder, Jugendlichen und Erwachsenen wissen sollen. Anschließend erstellen die einzelnen Teams Inhalte, Kleingruppenfragen und eine Botschaft, die das Thema verdeutlicht und die für die jeweilige Altersgruppe relevant ist. Indem wir die Strategie *„Eine Kirche. Eine Botschaft“* verfolgen, geben wir ganzen Familien die Gelegenheit, tiefer zu gehen als nur die Frage zu stellen *„Was hast du heute Abend in der Jugendgruppe gelernt?“*

Erste Schritte

1. Die Kernbotschaft formulieren

Bilden Sie ein Team von Freiwilligen, um herauszufinden, welche Informationen für die Katechese der Jugendlichen wichtig sind. Fragen Sie wieder danach, warum es Sie gibt und was Sie erreichen möchten. Achten Sie darauf, in Kontakt mit Ihrem Pfarrer, mit den Verantwortlichen der Kinderpastoral und mit allen anderen zu sein, die für die Glaubensentwicklung in ihrer Pfarrgemeinde stehen. Machen Sie es sich zum Ziel zusammenzuarbeiten und die *„Eine Kirche. Eine Botschaft“*-Strategie anzunehmen. So wird alles, was sie sagen, in der Messe und zu Hause wiederholt werden. Wenn Sie die wichtigsten Wahrheiten herausfiltern, verhelfen Sie den Jugendlichen zu ständigem Wachstum.

2. Das Vorhandene nutzen

Das Schöne daran, in einer katholischen Pfarrgemeinde zu arbeiten, ist, dass Sie bereits einen Rahmen für Ihren Inhalt haben. Beginnen Sie mit dem liturgischen Kalender. Die Einführung in das Lektionar bietet einen Überblick der Themen im Kirchenjahr. Wenn man die Lesungen im Lektionar durchgeht, entdeckt man, wie man diese nach Themen anordnen kann. Am Beginn des Schuljahres gibt es beispielsweise viele Lesungen, in denen es darum geht, Spielräume zu schaffen und Prioritäten zu setzen.

Geprägte Zeiten wie Advent und Weihnachten, die österliche Bußzeit und Ostern, sowie Hochfeste und Feste bieten Themen an, die Sie mit den Jugendlichen durchgehen können, und zwar so, dass sie mit der übrigen

Pfarrgemeinde in Verbindung bleiben. Damit können Sie nicht nur diese Themen verdeutlichen, sondern die Jugendlichen auch in die Geschichte und das liturgische Leben der Kirche einführen.

3. Den Rest auslagern

Sobald Sie die Details der Elemente Ihres Programms erarbeiten sollen, wird es immer schwieriger, alles selbst zu erfinden. Das müssen Sie glücklicherweise aber auch nicht. Die Hilfsmittel für Jugendpastoral werden immer mehr. Nutzen Sie alle Ressourcen, die Ihnen dabei helfen, Ihre Themen und den Kern Ihrer Botschaft deutlich zu machen. Nutzen Sie vorbereitetes Material und verschwenden Sie keine Zeit dafür, Videos zu machen, Spiele zu erfinden oder Inhalte für Kleingruppen zu erfinden. Dadurch werden Sie mehr Zeit haben, Ihre Leiter und Leiterinnen zu fördern.

Wenn Sie nicht genau wissen, wie Sie es angehen sollen, empfehle ich Ihnen einige Webseiten: *downloadyouthministry.com*, *projectym.com* und *youthministry360.com*. Trauen Sie sich ruhig online nach Spielen für Jugendpastoral zu suchen. Einige davon kosten zwar Geld, zahlen sich aber aus.

4. Evaluieren und analysieren

Die Wahrheit wird sich nie verändern, aber die Welt um Sie herum sehr wohl. Verwenden Sie nicht Jahr für Jahr dieselben Materialien. Nehmen Sie sich die Zeit, um zu analysieren, welche Wirkung Ihre Botschaften auf die Jugendlichen haben und was Sie mit Ihren Botschaften weitergeben. Verfeinern Sie Beispiele und die Medien, die Sie verwenden und haben Sie keine Angst davor, sich mit Ihren Freiwilligen oder einer Gruppe von Eltern oder Jugendlichen zu besprechen, um zu erfahren, was gerade aktuell ist.

Dadurch dass Sie der nächsten Generation echte Weisheit weitergeben, die niemals fehlgeht, bereiten Sie sie auf den täglichen Lebenskampf vor. Wenn Sie ihnen helfen das für sich zu entdecken, was relevant und wichtig ist, wird das fruchtbar werden. Wenn Sie den Verstand, das Herz und den Willen der jungen Menschen inspirieren, werden Sie eine Bewegung schaffen, welche die gesamte Pfarrgemeinde anstößt und ihr hilft zu wachsen.

15. Ein dynamisches Team formen

Doch wenn sie hinfallen, richtet einer den anderen auf. Doch wehe dem, der allein ist, wenn er hinfällt, ohne dass einer bei ihm ist, der ihn aufrichtet. (Koh 4,10)

Einer der Gründe dafür, warum in der Jugendpastoral Verantwortliche schnell aufgeben, ist ein Mangel an Unterstützung. Selbst wenn Sie vom Pfarrer unterstützt werden und die Jugendlichen Sie mögen, werden Sie es ohne ein dynamisches Team schwer haben. Jugendpastoral kann man nicht alleine machen. Auch Jesus war nicht allein unterwegs. Er sammelte eine Gruppe von Jüngern und Jüngerinnen um sich, die an seinen Auftrag glaubten und seine Bedeutung erkannten. Treten Sie in seine Fußstapfen und sammeln Sie Freiwillige um sich, die Sie unterstützen.

Ich erinnere mich daran, dass wir darüber diskutierten, ob wir den Eltern der Jugendlichen auf dem Anmeldeformular die Frage stellen sollten *„Wollen Sie freiwillig mitarbeiten?“* Ich dachte, dass das eine Platzvergeudung am Formular wäre, da ich mit wenigen Rückmeldungen rechnete. Ich fragte mich: *„Warum sollten Eltern mich unterstützen? Bin nicht ich dazu da, sie zu unterstützen?“*

Doch da war es schließlich: ein Kästchen, das mit „Ja“ angekreuzt worden war. Ich fühlte mich wie im Film Charlie und die Schokoladenfabrik, als er das letzte goldene Ticket in einer Tafel Schokolade entdeckte. Das ist komisch, weil es natürlich schon andere Freiwillige gab, aber diese war die erste, die ich gewonnen hatte. Sofort setzte ich mich zum PC, öffnete mein Mailprogramm und schrieb rasch eine *„Danke, dass Sie mir den Tag gerettet haben“*-Mail an Jeanette. Ich wusste noch nichts darüber, dass Gott mir jemanden geschickt hatte, der mir nicht nur dabei helfen würde, Jugendliche willkommen zu heißen, sondern unsere Jugendpastoral zu dem zu machen, was sie heute ist.

Es ist einfach erstaunlich, auf welch vielfältige Arten ich Gottes Segen durch meine Freiwilligen erfahren durfte. Sie meldeten sich nach Aufrufen von der Kanzel, Einladungen durch Freunde und Freundinnen und waren neugierig, was wir für unsere Jugendlichen tun. Ich wünschte, dass ich sagen könnte: *„Das ist das Zauberwort, um erfolgreich Freiwillige zu finden.“* Aber es steckte einfach viel Arbeit dahinter. Gerne würde ich Ihnen erzählen, dass alle, die bei uns anfingen, noch immer dabei sind, aber das Leben ist das Leben und die Menschen ziehen weiter. Ich würde Ihnen gerne erzählen, dass alle Menschen, die Teil meines Teams waren, außergewöhnliche Exemplare christlicher Tugend waren, aber manchmal muss man auf die harte Tour lernen, loszulassen.

Ein dynamisches Team von Freiwilligen aufzubauen, ist keine leichte Aufgabe. Viele, die in der Jugendpastoral tätig sind, wollen das Leben junger Menschen beeinflussen. Wenn Sie diese Wirkung erzielen wollen, ist das großartig! Es bedeutet, dass Sie über die eigenen Fähigkeiten hinauswachsen, dass viel Arbeit auf sie wartet und dass es notwendig ist, den Ansatz Ihrer Jugendpastoral zu verändern. Auch wenn es schwierig ist, ein Team von Freiwilligen zu koordinieren, ist das immer noch leichter, als alles alleine zu machen.

Vielleicht sind Sie die am besten qualifizierte Person für diesen Job, aber das heißt nicht, dass Sie alleine leiten sollten. Wenn Sie sich ein Team suchen, können

Sie mehr Jugendliche erreichen. Alles, was Sie alleine tun, ist mit Stolz und Furcht erfüllt. Wenn Sie die Last und die Verantwortung nicht teilen können, wird Ihre Jugendpastoral im Sand verlaufen.

Ein gesundes Team

Menschen zum Mitmachen zu bewegen erfordert mehr als eine Einladung auszusprechen. Achten sie darauf, dass sie bereit für Menschen sind, die dienen möchten. Dazu brauchen Sie ein System und Strukturen, die Wachstum in der persönlichen Jüngerschaft ihrer Freiwilligen fördern und nicht nur deren Zeit und Energie ausnutzen. Um Fluktuation zu reduzieren und ein gesundes Team aufzubauen, versuchen Sie folgendes:

1. Gestufte Verantwortlichkeit

Wenn die Dinge ins Laufen kommen und Ihr Team zu wachsen beginnt, wird es immer herausfordernder für Sie werden, sich um alle einzeln zu kümmern. Versuchen Sie ein System zu schaffen, bei dem sich Leute aus dem Leitungsteam um andere Leiter und Leiterinnen kümmern. Fragen Sie Menschen, denen Sie vertrauen, mit denen Sie schon länger zusammengearbeitet haben, ob sie die neuen Freiwilligen begleiten. Geben Sie Neuen die Möglichkeit, sich die Arbeit in Ihrer Pfarrgemeinde anzuschauen. Wenn Sie Zwischenebenen von Verbindlichkeit und Berichten einführen, behalten Sie zwar die Verantwortung, aber Sie haben Menschen, die Ihnen helfen, Ihre Vision auszubreiten, andere zu schulen und Sie somit unterstützen.

2. Wissen und Erfahrungen weitergeben

Alles, was Ihnen selbst geholfen hat, im Jugenddienst zu wachsen, sollten Sie an die Männer und Frauen weitergeben, mit denen Sie zusammenarbeiten. Geben Sie Ihr Wissen sowie Bücher, Podcasts und Webinare an Ihre Freiwilligen weiter und nehmen Sie sie mit auf Konferenzen. Je mehr die Leute aus Ihrem Team sich persönlich weiterentwickeln, desto sicherer werden sie im Umgang mit den Jugendlichen sein.

3. Anspruchsvoll sein

Um qualitätsvolle Pastoral zu gewährleisten, brauchen Sie qualifizierte Freiwillige. Viele von uns haben sich an einem gewissen Punkt einfach für irgendeine Person entschieden, die gerade verfügbar war. Das führt manchmal zu unglücklichen Situationen. Wenn Sie Pastoral zugänglich machen wollen, müssen Sie sich an die diözesanen Richtlinien zum Kinderschutz halten. Nehmen Sie diese (vielleicht strengen) Vorgaben an und sehen Sie es als Möglichkeit, die richtigen Leute ins Boot zu holen.

Teilen Sie Ihren Leitern und Leiterinnen mit, was Sie von ihnen erwarten, sprechen Sie über Kinderschutz, über Ihre Werte und Ihre Ziele. Bereiten Sie einen Vertrag vor, den die Freiwilligen unterschreiben müssen. Wenn Sie den Eindruck haben, dass es für jemanden nicht passt, verschließen sie nicht ihre Augen davor. Haben Sie keine Angst, jemanden gehen zu lassen, wenn er oder sie die Jugendpastoral behindert. Manchmal muss man sich von jemandem trennen, und es ist gut, sich dessen bewusst zu sein. Wenn Sie Ihre Jugendpastoral auf eine höhere Ebene heben wollen, brauchen Sie Menschen, mit denen Sie vertrauensvoll zusammenarbeiten können, die Sie mit Problemen konfrontieren können und die Herausforderungen annehmen.

4. Persönlich investieren

Sie können sich nicht um all Ihre Freiwilligen kümmern, und das ist auch in Ordnung. Ich weiß, dass meine eigenen Grenzen mich in der Vergangenheit daran gehindert haben, mich um Menschen zu kümmern. Deshalb habe ich manche Chancen verpasst. Ihre Leiter und Leiterinnen sind Menschen mit echten Jobs und Familien. Wenn Sie sich Zeit nehmen, sie kennenzulernen und wissen, was sie machen, wird eine starke Verbindung mit Ihnen entstehen. Sie werden nicht nur Männer und Frauen finden, die Ihnen helfen, die Jugendpastoral weiterzuentwickeln, sondern auch Menschen, die Ihnen helfen, sich selbst als Mensch weiterzuentwickeln und umgekehrt.

Wenn es nicht gut läuft

Ich habe es nicht kommen sehen. Eigentlich wollte ich es nicht sehen. Es gab einen Vorfall, den ich schon vor Monaten hätte ansprechen sollen, aber ich fand ständig Entschuldigungen, warum es nicht ging. Ich musste mich schließlich damit beschäftigten, weil eine freiwillige Mitarbeiterin mir eine Mail schrieb und ihre Tätigkeit wegen dieser Situation beendete. Sie konnte nicht länger mit der Person zusammenarbeiten, die ich als Leiterin eingesetzt hatte. Sie war nicht die einzige, der es so ging. Es gab viele Spannungen.

Die Wahrheit war, dass diese Mitarbeiterin völlig überfordert war. Ich hatte ihr viel Verantwortung übertragen, und damit kam sie nicht zurecht. Es war sehr schwierig, da sie loyal gewesen war, gläubig und sich viele Jahre lang engagiert hatte, aber sie war an ihre Grenzen gekommen. Als sie in Schwierigkeiten war, hätte sie zu mir kommen sollen. Als ich bemerkte, dass sie Schwierigkeiten hatte, hätte ich auf sie zugehen sollen. Weder sie noch ich tat etwas, und so eskalierte das Problem. Letztendlich ließ sie ihre Frustration an anderen aus.

Ängstlich und traurig bat ich sie zu mir ins Büro. Noch nie zuvor hatte ich mich von Freiwilligen getrennt. Als ich die Situation erklärte und meine Entscheidung mitteilte, akzeptierte sie es zu meiner Erleichterung sofort. Ich würde gern sagen, dass das der schwierigste Moment im Umgang mit Freiwilligen war, aber das wäre weit von der Wahrheit entfernt.

Freiwillige gehören nicht für immer zu Ihnen. So wie die Kirche wachsen und sich entwickeln wird, wird das auch ihre Jugendpastoral. Das bedeutet auch, dass man Leute kommen und gehen sieht. Niemand trennt sich gern von Freiwilligen, aber oft ist das notwendig. Wenn Sie ihnen nicht helfen, weiterzuziehen, gefährden Sie das Wohl Ihres Dienstes. Statt Menschen, die gerne und mit Freude dienen, haben Sie Leute um sich, die anderen die Laune verderben. Um diese schwierigen Situationen zu vermeiden, ist folgendes wichtig:

1. Konflikte rechtzeitig angehen

Vor einigen Jahren bemerkte ich, dass ein Freiwilliger regelmäßig zu spät kam und einige Termine abgesagt hatte. Anstatt das Problem zu ignorieren – wie in der letzten

Geschichte – sprach ich ihn an und fragte: *„Na, wie läuft's so?"* Er seufzte tief, als ob ihm ein Stein vom Herzen gefallen wäre. Er erzählte mir, wie beschäftigt er sei, und dass es zuhause einige Schwierigkeiten gäbe. Ich wollte diesen Mitarbeiter nicht verlieren, aber ich wusste, dass er eine Auszeit brauchte. Wir vereinbarten, dass er drei Wochen lang nachdenken und beten sollte.

Nach diesen drei Wochen kam er zu mir und sagte mir, dass er kürzertreten müsse. Wir beteten über seine Entscheidung und ich wünschte ihm alles Gute. Ich war traurig über die Entscheidung, denn wir hatten eine gute Beziehung zueinander. Zwei Jahre später kam er zurück.

Sobald Sie eine Spannung spüren, gehen Sie ihr nach. Wenn Sie nicht wissen, wie Sie damit umgehen sollen, nehmen Sie sich Zeit, um einen Plan zu entwickeln. Lassen Sie sich nie allein auf einen Konflikt ein. Beten Sie und bitten Sie Gott um Kraft. Anfangs tut es vielleicht weh, aber es ist auf jeden Fall besser, wenn Sie sich dem Problem stellen.

2. Partner suchen

Wenn Sie in die Situation kommen (und das wird passieren), dass jemand von den Freiwilligen nicht mehr tragbar ist, suchen Sie Verbündete. Wenn Sie jemanden alleine konfrontieren und bitten, die Tätigkeit zu beenden oder kürzer zu treten, kann das sehr unangenehm und schnell schmerzhaft werden. Emotionen können hervorbrechen, die wiederum Missverständnissen Tor und Tür öffnen. Bitten Sie jemanden dazu, dann können sie sich wechselseitig Rechenschaft geben. Wenn Sie sich mit einer Person des anderen Geschlechts treffen, achten Sie unbedingt darauf, dass ein weiteres Teammitglied anwesend ist. Wenn Sie nicht allein sind, ist die Gefahr von Missverständnissen und Eskalation geringer.

3. Alles hat seine Zeit

Egal, ob am Ende des Sommers, des Schuljahres oder des Kalenderjahres: Sie müssen sich mit den Freiwilligen austauschen. Sie können eine Mail ausschicken oder Vieraugengespräche führen. Schauen Sie sich den Vertrag an, den die Freiwilligen unterschrieben haben und fragen Sie sie, wie es ihnen in ihrem Dienst geht. Geben Sie ihnen die Gelegenheit, darüber zu sprechen, wo sie in ihrem Glaubensleben stehen. Nehmen Sie die Gelegenheit wahr, um festzustellen, ob die Freiwilligen überfordert sind oder den Wunsch nach Veränderung haben. So können Sie viele schwierige Situationen verhindern, die Spannung herausnehmen und gemeinsam nach Lösungen suchen. Wenn es nötig ist, können Sie einer Person eine Auszeit zugestehen oder ihr helfen, eine bessere Aufgabe zu finden. Auch wenn die Person ihren Dienst beendet hat, kann es weiterhin eine gute Beziehung zwischen Ihnen geben.

4. Andern helfen, den nächsten Schritt zu gehen

Jeder Mensch stößt in seinem Dienst an Grenzen. Darauf sollten Sie vorbereitet sein. Vielleicht fühlen Sie, wann die Zeit gekommen ist, dass jemand sich, auch ohne es selbst zu merken, verändern sollte. Die Freiwilligen wissen vielleicht nicht, was der nächste Schritt sein kann und fühlen sich, als wie in einer Falle. Helfen Sie ihnen, indem Sie das rechtzeitig ansprechen und ihnen frühzeitig Optionen aufzeigen.

Wenn jemand vier Jahre lang eine Kleingruppe geleitet hat, dann ist es nicht sinnvoll, automatisch weitere vier Jahre anzuhängen. Wir schlagen den Freiwilligen vor, sich andere Aufgaben in der Pfarrgemeinde oder auch im Jugendbereich anzuschauen. Wenn sie in der Jugendpastoral bleiben wollen, bitten wir sie, etwas zu tun, was ihnen Zeit und Raum gibt, um die letzten vier Jahre zu reflektieren. Wenn sie aufhören, dann sollen sie zufrieden sein und die Veränderung als spirituelle Erfahrung deuten. Die Zeit zur Reflexion wirkt dann wie eine Sabbatzeit für sie.

Nick und Tina engagierten sich seit meiner Anfangszeit in der Jugendpastoral. Ich bin mir sicher, dass sie damals keine Vorstellung hatten, worauf sie sich einließen. Glücklicherweise gaben sie nicht auf und arbeiteten an der Entwicklung der unseres Bereichs mit. Sie wurden nicht nur meine besten Leiter, sondern auch meine besten Freunde. Es gab Zeiten, wo ich mich darauf verlassen konnte, dass sie meine Fehler ausglichen. Sie gaben mir Halt an Abenden, an denen niemand kam. Immer standen sie an meiner Seite, was ich ihnen hoch anrechne.

Nach fünf Jahren wollten Nick und Tina mehr über ihre Optionen wissen, aber sie wollten sie noch nicht ergreifen. Ich sagte Nick, er könne überall mitarbeiten. Doch bevor sie sich veränderten, sollten sie mir noch helfen, Ersatz für sie zu suchen. In den nächsten eineinhalb Jahren halfen Nick und Tina mir, ein starkes Team aufzubauen, sodass alles auch ohne sie gut weitergehen konnte. Ich vermisse Nick an den Dienstagabenden, aber ich bin total glücklich, dass sich die beiden nun als Mentor und Mentorin in der Firmvorbereitung engagieren.

Erste Schritte

Wenn Sie in eine Pfarrgemeinde kommen, wo es bereits eine funktionierende Jugendpastoral gibt, wird es wahrscheinlich Freiwillige geben, die von ihrem/ihrer Vorgänger/in angesprochen wurden. Es ist möglich, dass einige aufhören werden. Selbst wenn alle bleiben, wird sich manches verändern und Sie müssen wissen, welches Team Sie brauchen. Es gibt zwar kein Patentrezept, aber einige Schritte können hilfreich sein:

1. Einladen

Sprechen Sie immer wieder Einladungen aus. Egal, ob in der Kirche, im Wochenbrief oder mit einer Mail: Der beste Weg, um Freiwillige zu gewinnen, ist durch Einladungen. Seien Sie auch gefasst darauf, keine Rückmeldungen zu bekommen, das ist auch in Ordnung. Zurückweisung ist normal, und Sie brauchen Geduld und Beständigkeit, um damit zurechtzukommen. Egal, was Sie tun: Hören Sie nicht damit auf, die Menschen zum Dienen einzuladen.

2. Willkommen heißen

Der Gedanke, in der Jugendpastoral zu arbeiten, kann für Erwachsene furchteinflößend sein. Sie bitten Sie darum, in das Leben anderer Menschen zu investieren. Um ihnen den Einstieg leicht zu machen, schaffen Sie Positionen, die auch für Anfänger und Anfängerinnen geeignet sind. Bei uns ist das zum Beispiel der Begrüßungsdienst oder das Verkaufen von Pizza. Dazu muss man nur freundlich lächeln können und den Mut haben, Hallo zu sagen.

Wenn sich die Freiwilligen wohler fühlen, geben Sie ihnen mehr Verantwortung. Bitten Sie sie, ein Gebet zu leiten, sich eine Aktivität auszudenken oder etwas früher da zu sein, um Ihnen zu helfen. Kurz gesagt, sorgen Sie dafür, dass sich die Freiwilligen wohl fühlen.

Um die Jugendpastoral zugänglicher zu machen, müssen Sie sich im Klaren darüber sein, was Sie von den Freiwilligen wollen, wenn diese kommen. Achten Sie darauf, dass alle Materialien verfügbar sind, suchen Sie den Austausch, damit alle Fragen geklärt werden können. Je zugänglicher Ihre Pastoral ist, desto selbstbewusster werden die Erwachsenen sein.

3. Vision weitergeben

Wenn Sie die Freiwilligen für eine längere Zeit gewinnen wollen, müssen Sie dafür sorgen, dass sie das Gesamtbild sehen können. Wenn sie Ihre Vision verstehen, wird es keine Fragen hinsichtlich des Engagements und der Verpflichtung geben. Es wird den Freiwilligen helfen, Verantwortung in der Pastoral zu übernehmen, weil sie verstehen, warum ihre Rolle so wichtig ist.

4. Wertschätzen

Wenn sich Ihre Pastoral entwickelt, ist es wichtig, sich mit den Freiwilligen auszutauschen, um ihre Sicht kennenzulernen. Wir organisieren gerne Treffen mit den neueren Freiwilligen, um ihre Meinung zu erfahren. So bekommen wir einen frischen Eindruck dessen, was los ist. Wenn Sie selbst jahrelang in der Jugendpastoral tätig waren, wird vieles selbstverständlich. Neue Mitarbeiter und Mitarbeiterinnen werden Sie auf Probleme aufmerksam machen, die Sie beiseiteschieben. Wir schicken unseren Freiwilligen auch eine Umfrage. Damit evaluieren wir nicht nur unser Programm, sondern auch die Leitung. Das kann demütigend sein, aber es ist wertvoll. Wenn Ihr Team Sie evaluiert, schafft das Vertrauen und Verantwortlichkeit. Nicht alle Antworten werden völlig ehrlich sein, aber Sie werden einen Einblick bekommen, wie Ihre Leitung gesehen wird.

5. Eine Kultur etablieren

Machen Sie Ihre Pastoral zum besten Arbeitsgebiet. Schaffen Sie eine Kultur, die Ihre Freiwilligen dazu bringt, ihren Freunden und Freundinnen darüber zu erzählen. Sagen Sie ihnen immer und immer wieder: *„Wenn du jemanden kennst, der gut in der Jugendpastoral ist, lass es mich wissen.“* Bei ihnen daheim gibt es Menschen, an die sie gar nicht denken. Dadurch wird Ihre Auswahl an Freiwilligen größer. Sie werden Nachbarn kennen, Verlobte, Freunde, Freundinnen und Familienmitglieder, die etwas beitragen können. Teilen Sie die Bürde des Aufbaus eines Teams mit Ihren Freiwilligen.

Einige meiner besten Freunde und Freundinnen sind Menschen, die freiwillig in der Pfarrgemeinde Nativity mitgearbeitet haben. Ich erinnere mich, wie Doug Fields, der Autor des Buches „Purpose Driven Youth Ministry“, mir und einigen anderen Verantwortlichen der Jugendpastoral folgenden Rat gab: Wann immer er in einem Restaurant an einem Tisch Jugendliche aus seiner Pfarrgemeinde sehe, an einem anderen Tisch Eltern und an einem Tisch Freiwillige, dann würde er sich zu den Freiwilligen setzen.

Er erklärte, dass man durch den gemeinsamen Dienst eine enge Bindung entwickelte. Es ist wie eine gemeinsame Schlacht, wenn man bedenkt, was sich im Leben mancher Jugendlicher abspielt.

Ich liebe die Männer und Frauen, die an meiner Seite arbeiten. Ich wünschte, ich könnte ihnen zeigen, wie sehr ich sie liebe. Ich würde Ihnen am liebsten all ihre Geschichten erzählen. Es gab Zeiten, als ich aufhören wollte, aber sie waren für mich da. Es gab Zeiten, als sie mit den Jugendlichen und deren Familien eine Bindung eingingen, wie ich es mir nie hätte vorstellen können. Sie engagierten sich nicht nur in der Jugendpastoral in meiner Pfarrgemeinde, sondern auch in meiner Familie. Es gibt eine Gruppe von tollen Männern und Frauen, die gemeinsam mit mir dienen, und ich danke Gott jeden Tag für sie. Ich hoffe und bete, dass auch Sie solche Menschen finden.

16. Unwiderstehlich!

Gott sah alles an, was er gemacht hatte: Und siehe, es war sehr gut. (Gen 1,31)

Wenn Ihre Pfarrgemeinde nicht ernsthaft in die Jugend investiert, kann es schwierig werden, einen Ort für ein Treffen mit den Jugendlichen zu finden. Jede Woche fühlt es sich an wie beim Hausbau-Kommando, wenn Sie den Heizungsraum oder eine Kinderecke so herrichten, dass Jugendliche sich eine Stunde lang dort wohl fühlen. Wenn Sie den Jugendlichen wirklich dabei helfen wollen, zu wachsen und ihre Beziehung mit Christus zu vertiefen, dann brauchen Sie dafür eine Umgebung, die das unterstützt und nicht davon ablenkt.

In meinem letzten Jahr am College lebte ich gemeinsam mit meinen Mitbewohnern in einem alten viktorianischen Haus. Es hatte Charakter und Geschichte und war einfach perfekt für sieben College-Studenten. Jeder von uns hatte seinen eigenen Raum. Wir liebten dieses Haus, aber wie wir damit umgingen, war eine andere Geschichte. Manchmal rollten wir Wäschekörbe wie Schlitten die Treppen hinunter. Am Wochenende sperrten wir uns manchmal ein, legten uns auf die Couch, schalteten das Licht aus und spielten Capture the Flag mit Spielzeugpistolen. Wir hatten Mäuse als Haustiere und Schimmel war uns nicht fremd. Ich bin mir nicht sicher, was unsere Eltern oder Freunde dachten, wenn sie das Haus betraten, aber für uns war es ein Zuhause.

Als Hausbesitzer achte ich heute mehr darauf, wie ich lebe. Wenn ich noch immer dasselbe Verhalten an den Tag legte wie als Student, hätte meine Frau mich wohl schon längst verlassen.

Viele meiner heutigen positiven Eigenschaften verdanke ich der Liebe meiner Frau zu einem sauberen Haus. Tatsächlich ist die Sauberkeit unseres Hauses nur dann in Gefahr, wenn sie nicht in der Stadt ist. Auch wenn uns befreundete Familien besuchen, die wissen, dass unser Leben nicht perfekt ist, ist es ihr wichtig, dass sie in eine unwiderstehliche, einladende und liebevolle Umgebung kommen. Meine Frau ist sicher nicht pedantisch, sie kennt einfach nur den Wert eines sauberen Hauses. Wenn Ihr Haus sauber ist, fühlen sich die Menschen wohl und Sie sind gastfreundlich.

Einladende Räume

Raumqualität ist ein Wert, den wir alle verstehen. Wenn Sie in ein Restaurant gehen, das schmutzig ist, werden Sie nicht wiederkommen. Möchten Sie wirklich in einem schmutzigen Kino einen Film anschauen? In der Jugendpastoral scheint das keine Rolle zu spielen. Viel zu oft denkt niemand an einen Jugendraum, oder zumindest scheint es so. Vielleicht denken die meisten Menschen, dass es den Jugendlichen nicht auffällt oder dass ihnen egal ist, wie es aussieht, aber das stimmt nicht.

Kommt Ihnen das bekannt vor? Irgendwo im Keller oder in einer Ecke eines alten Klosters befindet sich der Jugendraum. Die Einrichtung besteht aus zusammengewürfelten Möbeln, die nicht einmal Ihrer Großmutter gefallen würden. Sie versuchen, den Raum durch Graffitis von Jugendlichen zu verschönern, aber es bräuchte unglaublich viel Farbe, um zu verstecken, dass der Raum renovierungsbedürftig ist.

Ich weiß nicht genau, wie der ideale Raum aussieht. Vielleicht gibt es einen Drehfußballtisch oder eine Tischtennisplatte. Vielleicht gibt es riesengroße Bildschirme, Sitzsäcke und coole Möbel. Wenn Sie an Ihren perfekten Raum denken, lassen Sie Ihrer Fantasie freien Lauf und fühlen Sie sich nur durch Ihr Budget eingeschränkt. Manchmal braucht es nicht unbedingt neue Möbel, es genügt, alles sauber zu halten, was es bereits gibt. Wie schon erwähnt, ist Sauberkeit das Wichtigste. Wenn es irgendwie schmutzig ist, fühlt sich niemand wohl. Wäre es nicht eine Schande, wenn jemand aus Ihrer Jugendpastoral aussteigen würde, nur weil es eklig ist, auf diesen Möbeln zu sitzen?

Räume sauber zu halten ist wichtig, aber zeitaufwendig. Nach einem energieraubenden Abend mit der Jugend ist aufräumen wohl das Letzte, was Sie tun wollen. Vielleicht sagt jemand: „Hey, soll ich Dir beim Aufräumen helfen?", aber weil Sie so müde sind, sagen Sie: „Ich mache das morgen." Dann kommt der Morgen, der nächste Tag, der übernächste und dann stellen Sie 20 Minuten vor dem nächsten Jugendabend fest, dass alles schmutzig ist. Obwohl wir anderen sagen, dass man ein Buch nicht nach dem Umschlag beurteilen sollte, werden die Jugendlichen, Eltern und auch Ihre Freiwilligen jeden Raum negativ beurteilen, der schmutzig ist. Wenn Ihre Jugendpastoral in einer unwiderstehlichen Umgebung stattfinden soll, müssen die Räume sauber sein. Wenn der oder die Jugendverantwortliche unordentlich ist, ist es der ganze Jugendbereich. Also achten Sie darauf, dass alles sauber bleibt.

Arbeiten Sie zielbewusst

Wenn Sie eine unwiderstehliche Umgebung schaffen, dann schaffen Sie einen Raum, der einladend und warm wirkt. Wenn die Jugendlichen das spüren, dann werden sie sich öffnen. Sauberkeit ist dabei nur ein Kriterium, es braucht noch viel mehr, um den bestmöglichen Raum zu schaffen. Außer auf Sauberkeit müssen Sie auf folgendes achten:

1. Möblierung

Die Möbel müssen in einem guten Zustand sein. Es ist außerdem wichtig, welche Möbel es gibt. Wir legen großen Wert darauf, dass es in der Jugendpastoral nicht wie in der Schule zugeht. Es geht um persönliche Beziehungen. Um diesen Punkt zu verdeutlichen, haben wir unseren Raum so eingerichtet, dass er familiär wirkt. Das war nicht ganz einfach.

Als ich anfing, saßen die Jugendlichen alle auf dem Boden, und ich bemerkte, dass sie während meiner Ausführungen unruhig wurden. Ich dachte mir: *„Wir brauchen eine Struktur."* Ich stellte die Stühle in einer Reihe auf und das funktionierte. Nun sahen die Jugendlichen mich an. Doch während ich sprach, hörte ich ein klimperndes Geräusch. Die Stühle waren aus Metall, und die Jugendlichen bewegten sich darauf, und so hörte ich ständig ein *„kling, kling."* Es war ihnen völlig egal, dass ich ihnen eine tiefe Wahrheit vermitteln wollte. Es war ihnen egal, dass ich ihnen etwas für ihr Leben mitgeben wollte. Sie fühlten sich nicht wohl, und sie machten sich über das *„kling, kling"* lustig. Es war furchtbar. Bis heute bekomme ich eine Gänsehaut, wenn ich an einem Stuhl aus Metall vorbeikomme.

Wir sortierten diese Stühle aus und kauften Sofas und große Sitzsäcke. Der Vorteil dieser Sitzsäcke besteht darin, dass die Kinder darin versinken, bis zu dem Punkt, an dem sie gefangen sind von ihrer weichen und ruhigen Gemütlichkeit. Es gibt kein perfektes Umfeld, doch bei uns hat diese Veränderung Wunder gewirkt.

In den Räumen, in denen sich unsere Kleingruppen treffen, saßen die Jugendlichen an Tischen (wieder mit Stühlen aus Metall), aber das wirkte zu sehr wie in der Schule. Die Jugendlichen hatten Spaß daran, die Tische zu bekritzeln und ihre Sitznachbarn zu ärgern, also räumten wir sie rasch weg. Jetzt sitzen die Jugendlichen auf Sofas, die in einem Winkel angeordnet sind. Alle, auch das Leitungsteam, sitzen dort.

Ich weiß, dass Möbel teuer sein können, aber sie haben großen Einfluss auf unsere Pastoral. Ich schlage vor, eine Wunschliste anzulegen und jedes Jahr ein bis zwei neue Stücke zu budgetieren. Suchen Sie nach Angeboten, erzählen Sie Ihrem Pfarrer und allen, die Sie unterstützen können, von Ihren Wünschen. Seien Sie in der Zwischenzeit kreativ und probieren Sie verschiedenes aus. Auf lange Sicht wird sich eine Investition in Möbel lohnen.

2. Beleuchtung

Von Neonlicht bekomme ich Kopfschmerzen. Ich brauche natürliche Beleuchtung oder Glühlampen, damit ich mich konzentrieren kann. Ich kenne Menschen, die es lieber hell haben und andere, die gedimmtes Licht bevorzugen. Menschen haben da verschiedene Vorlieben. Das bedeutet, dass die Beleuchtung in Ihrem Jugendraum wichtig ist, weil sie die Jugendlichen beeinflusst.

Wenn es zu dunkel ist, können sie nichts lesen. Sie könnten einschlafen, und Sie riskieren Ablenkungen, die man nicht sieht (wie *kling, kling*). Wenn es zu hell ist, werden die Jugendlichen von allen Dingen im Raum abgelenkt. Wenn Sie die Beleuchtung je nach Programm steuern können, sind Sie auf der sicheren Seite.

Wenn wir beten, schalten wir die Neonleuchten aus und stellen Stehlampen auf. Auf der Bühne haben wir Strahler, die von einem Technikteam, bestehend aus Erwachsenen und Jugendlichen, bedient werden. Mit Licht können Sie Atmosphäre schaffen und die Aufmerksamkeit auf eine Person oder ein Objekt lenken.

Bei den Kleingruppen ist uns wichtig, dass der Raum familiär wirkt. Wenn sie sich wie in einem Wohnzimmer fühlen, werden die Menschen sich öffnen. Zu oft sahen wir Räume für Jugendliche, die an Klassenzimmer erinnerten. Der Raum muss einladend sein und mit dem richtigen Licht wird diese Stimmung transportiert. Wir haben einige Oberlichter mit Lampen. Jugendliche, die gut sehen, sind Jugendliche, die miteinander ins Gespräch kommen und leichter aktiv werden.

Ebenso wie Möbel können Beleuchtung oder andere technische Hilfsmittel teuer sein. Schreiben Sie wieder eine Wunschliste, seien Sie kreativ, probieren Sie verschiedenes aus. Es wird sich auszahlen, weil sie eine Gruppe engagierter Jugendlicher haben werden.

3. Raumtemperatur

Da Sie schon so weit in meinem Buch gekommen sind, darf ich wohl etwas persönlicher werden. Ich schwitze viel. Es gibt nichts Unangenehmeres, als jemanden mit großen Schweißflecken unter den Achseln zu beobachten. Leider kann mir das passieren. Zusätzlich zu meiner Körpertemperatur, die in unglaubliche Höhen steigt, wenn es zu heiß ist, wird der Geruch von Jugendlichen, die noch nichts von Deo gehört haben, den Raum ziemlich ungemütlich machen. Die Raumtemperatur hat auch Einfluss auf die Aufmerksamkeit der Jugendlichen. Wenn es zu heiß ist, werden sie schläfrig, wenn es zu kalt ist, werden sie zu unruhig. Mir wäre ein kalter Raum lieber als ein heißer, wenn ich es mir aussuchen könnte. Sie sollten hier keine Wahl treffen müssen. Achten Sie darauf, dass der Thermostat funktioniert, halten Sie die Temperatur zwischen 20 und 22 Grad. Auf die Temperatur des Gebäudes haben Sie vielleicht keinen Einfluss, also sprechen Sie mit dem Hausmeister oder Sie riskieren Geruchsbelästigung und fehlende Aufmerksamkeit.

4. Akustik

Gute Akustik ist die Voraussetzung für gute Kommunikation. Wenn Sie das Radio einschalten und Sie hören ein Rauschen, werden Sie einen anderen Sender suchen. Wenn es Ablenkungen in einem Gespräch gibt, werden die Menschen Ihnen nicht mehr zuhören. Wenn Sie vor einer großen Gruppe sprechen, ist es wichtig, ein Mikrofon zu verwenden. So können Sie in normaler Lautstärke sprechen. Wenn Sie im Plauderton sprechen, werden die Menschen Ihnen zuhören. Wenn Leute kein Mikrofon wollen, klingen sie angestrengt und unnatürlich. Wenn es kein Mikrofon gibt, versuchen Sie, im Raum etwas zu verändern, kommen Sie den Zuhörenden näher und üben Sie das! Sie wollen ja nicht so klingen, als würden Sie schreien. Es geht schließlich darum, so natürlich wie möglich zu sein. Wenn sich die Leute mehr darauf konzentrieren, wie Sie klingen als darauf, was Sie sagen, werden sie Ihnen nicht lange zuhören.

Die Akustik kann die Atmosphäre Ihres Raums beeinflussen. Aber achten Sie darauf, dass sie nicht ablenkt. Als ich einmal eine Betrachtung anleitete, suchte ich passende Hintergrundmusik aus. Danach kam einer der Leiter zu mir und sagte: *„Chris, wirklich super gemacht! Ich muss wissen, von wem die Musik war. Ich musste die ganze Zeit auf die Musik hören, während du gesprochen hast.“* Hintergrundmusik kann eine Erfahrung verstärken, kann aber auch davon ablenken.

Am besten ist es, verschiedene Szenarien auszuprobieren. Sie dürfen keine Angst vor Stille haben. Wenn es ruhig ist, kann das merkwürdig sein, aber es kann eine Erfahrung vertiefen. Unsere Jugendlichen leben in einer Welt, die voller Geräusche ist. Sie sind es nicht gewohnt, in Stille zu sein, also wird das eine bestimmte Spannung aufbauen, die sie kaum kennen. Das kann sie motivieren, auf ihr Herz zu hören und die Stimme des Heiligen Geistes zu vernehmen.

Erste Schritte

1. Vom perfekten Raum träumen

Wenn Sie von jemandem einen Blankoscheck bekämen, wüssten Sie dann etwas damit anzufangen? Viele von uns vergessen, zu träumen, weil wir einfach das nehmen, was verfügbar ist. Anstatt ein Programm zu schaffen, das für Ihren Raum passt, schaffen Sie einen Raum, der auf Ihr Programm zugeschnitten ist. Sobald Sie vom idealen Jugendraum träumen, werden Sie feststellen, dass sich Ihr Zugang zur Jugendpastoral verändert.

2. Sparsam sein

Es gibt nicht viele Menschen, die sich eine komplette Renovierung leisten können. Sie sparen und planen, um sich ein Heim zu schaffen, das ideal für ihre Familiensituation ist. In der Jugendpastoral müssen Sie für Ihre Infrastruktur etwas budgetieren. Einmal wird es ein großer Sitzsack sein, im nächsten Jahr können Sie in ein neues Mikrofon investieren.

Ihr Budget ist vielleicht begrenzt, daher ist es wichtig, dass Sie mit Ihrem Pfarrer und dem Wirtschaftsrat sprechen. Erkundigen Sie sich nach den Preisen der Dinge, die Sie kaufen möchten und begründen Sie genau, warum diese Dinge wichtig sind. Es ist wichtig, dass hinter Ihren Investitionen eine Absicht steht.

3. Mit anderen teilen

Vielleicht müssen Sie sich den Raum mit anderen Gruppen teilen. Das kann schwierig sein. Daher müssen Sie in ständigem Kontakt mit allen sein, die den Raum ebenfalls nutzen. Um dabei erfolgreich zu sein, tun Sie folgendes:

- Respektieren Sie das Eigentum anderer. Wenn jemand einen neuen Fernseher gekauft hat, fragen Sie nach, ob Sie ihn benutzen dürfen. Wenn Sie etwas schmutzig machen, machen Sie es wieder sauber. Das zeigt gegenseitigen Respekt.
- Räumen Sie auf. Auf dem College besuchte ich einige Filmkurse. An der Tür des Studios stand: *„Räumen Sie auf."* Das Schild war widerlich, aber wir hielten uns daran. Selten lagen Teile der Ausrüstung auf dem Boden. So hatten wir mehr Zeit zum Filmen und mussten nicht zuvor lange aufräumen. Also räumen Sie auf und verlassen Sie den Raum so, wie sie ihn vorgefunden haben. So geht nichts verloren, alles ist sauber und Sie haben mehr Zeit für die Pastoral.
- Schließen Sie Kompromisse. Einige Ideen für Ihren Raum werden Sie vergessen müssen. Ich wollte z. B. Hockeytische haben. Das kam sehr gut an, verursachte aber große Probleme, weil es keinen Stauraum dafür gab. Also musste ich sie wieder weggeben.

Wenn Sie Ihr Umfeld im Ganzen betrachten und Wert auf alle Komponenten legen, werden Sie nicht nur eine Umgebung schaffen, die anregend ist, sondern es wird auch ein zweites Zuhause für Ihre Jugendlichen werden. Geld kann dabei hilfreich sein, aber Sie können auch Kleinigkeiten verändern, ohne eine Bank auszurauben. Schließlich ist die Umgebung nur ein Puzzleteil. Wenn es Ihnen nicht auch gelingt, beständige Möglichkeiten und authentische Beziehungen zu schaffen, werden die Jugendlichen das Interesse verlieren und fern bleiben.

Während Sie darüber nachdenken, wie Sie Gelegenheiten, Beziehungen und ein Umfeld schaffen können, damit Ihre Pastoral erfolgreich ist, machen Sie sich klar, dass das nicht über Nacht möglich sein wird. Es braucht seine Zeit und ständige Anpassungen. Es braucht Einsicht, Weisheit und Recherche – Sie werden nie ganz fertig sein. Wenn Ihre Pastoral erfolgreich sein soll, brauchen Sie fortwährenden Austausch und Achtsamkeit für gesundes Wachstum.

17. Mehr als ein Raum

Aber ihr werdet Kraft empfangen, wenn der Heilige Geist auf Euch herabkommen wird; und ihr werdet meine Zeugen sein in Jerusalem und in ganz Judäa und Samarien und bis an das Ende der Erde. (Apg 1,8)

Nur weil es in Ihrer Pfarrgemeinde Jugendpastoral gibt, bedeutet das nicht, dass die Menschen wissen, was dort geschieht. Diese Tatsache ist für viele Verantwortliche sehr ernüchternd. Das ist auch der Grund, warum wir nur schwer Unterstützung bekommen und Freiwillige finden. Wenn Ihre Jugendpastoral wachsen soll, müssen Sie wissen, wie Sie über den Jugendraum hinaus kommen.

„Mr. Ross sah dich am Wochenende schon wieder im ESPN." Ich weiß nicht, ob sich meine Mutter darüber gefreut hat. Ich arbeitete als Sekretär für den studentischen Fanclub X-treme Fans an der Xavier Universität. Eine meiner Verantwortlichkeiten bestand darin, zu zeigen, dass die Xavier Universität die größten Basketball-Fans hatte. Zu diesem Zwecke bemalten wir unsere Körper blau und schrien uns bei jedem Heimspiel die Seele aus dem Leib. Sollten Sie Anfang des 21. Jahrhunderts je ein Xavier Heimspiel gesehen haben, sind die Chancen sehr hoch, dass Sie mich auch gesehen haben, zumindest eine blaue Version von mir.

Wir wussten, dass wir niemals so berühmt werden würden wie die Duke's Cameron Crazies, aber wir hofften, dass uns wenigstens jemand wahrnehmen würde. Das Ziel unseres Clubs war, nicht nur Basketball, sondern auch

Baseball und Fußball zu unterstützen. Um die anderen Sportarten zu fördern, veranstalteten wir Aufwärmspiele und verschenkten Give-aways. Einmal kauften wir für ein Fußballspiel 200 Burritos bei einem Schnellrestaurant. An diesem Abend kam ich mit 175 Burritos heim, die übrig geblieben waren. Es war eine Herausforderung, aber wir alle hatten Spaß daran, für die verschiedenen Sportarten der Xavier Universität einzustehen.

Die Jugendlichen in unserer Gemeinde suchen nach etwas, das es wert ist, sich dafür einzusetzen. Sie können großartige Beziehungen haben, aber diese müssen über den Jugendraum hinausgehen. Die ganze Pfarrgemeinde sollte generationenverbindend arbeiten, weil das alles lebendiger macht. Die größte Hürde in der Jugendpastoral ist meist die fehlende Anwaltschaft für Jugendliche in den Pfarrgemeinden.

Anfangs werden Sie in Ihrer Anwaltschaft eingeschränkt sein, besonders, wenn Sie neu sind. Wenn das der Fall ist, gibt es eine Person, auf die Sie sich verlassen können und die Sie unterstützt. Diese Person, der eine, der hinter Ihnen steht und zu Ihrem Anwalt wird, ist der Pfarrer.

Der Pfarrer

Der Pfarrer kann Ihr bester Anwalt sein (besser noch als Sie selbst), wenn es um Jugendpastoral geht. Aber er kann Ihnen nur helfen, wenn Sie ihm dabei helfen zu verstehen, warum Jugendpastoral so wichtig für das Pfarrleben ist. Zeigen Sie ihm die Gründe auf. Das bedeutet:

1. Die Beziehung pflegen

Wenn Sie mit Ihrem Pfarrer nicht gut zusammenarbeiten können, sollten Sie sich einen anderen Arbeitsplatz suchen. Solange er das Sagen hat, müssen Sie ihn unterstützen, ihn ehren und respektieren. Wenn Sie das nicht können, ist es Ihnen selbst, der Pfarrgemeinde und Ihrem Pfarrer gegenüber unfair, wenn Sie dort weiterarbeiten wollen.

Kommunizieren Sie ausreichend und lernen Sie einander kennen. Haben Sie keine Scheu davor, ihn zu konfrontieren – aber nicht in der Öffentlichkeit. Akzeptieren Sie seine Leitung und fragen Sie ihn immer wieder: *„Wie kann ich dich unterstützen?“* Sobald Ihr Pfarrer Ihre Loyalität sieht und Ihnen vertraut, wird er sich auch für Sie ins Zeug legen.

2. Keine Überraschungen

Eines der wichtigsten Dinge, die Sie für Ihren Pfarrer tun können, ist, ihn auf alles vorzubereiten, sodass er nie überrascht wird. Wenn irgendetwas schief geht, sollte er das von Ihnen erfahren, nicht von jemand anderem. Wenn Sie Ihrem Pfarrer alles sagen, wird Ihre Kommunikation funktionieren, ganz gleich, ob es gute oder schlechte Nachrichten sind. Ich spreche mit unserem Pfarrer wöchentlich über das Alltagsgeschäft der Jugendpastoral. Einiges davon ist wichtig für seine Arbeit und betrifft seine Entscheidungen. Ich erzähle ihm aber auch alle positiven Dinge, die geschehen. Wenn sich jemand an ihn wendet und Fragen zur Jugendpastoral hat, kann er ohne Probleme Auskunft geben. Je mehr er über Ihre Arbeit weiß, desto leichter wird er dieses Wissen mit anderen teilen.

3. Informationen weitergeben

Die Ressourcen in der Pastoral wachsen und verändern sich ständig. Auch mit einer Vollzeitstelle komme ich nicht immer mit meiner Zeit aus. Der Grund, warum Ihr Pfarrer vielleicht kein Interesse an Jugendpastoral hat, ist deren möglicherweise schwierige Vereinbarung mit schon Vorhandenem. Er muss an hunderte Dinge gleichzeitig denken, also seien Sie nett zu ihm und sagen Sie ihm nur das, was er unbedingt wissen muss.

Bei uns geht es da um die sozialen Medien, um Trends und was für die Jugendlichen interessant ist. Ich erzähle ihm auch von Büchern, die ich lese, Leuten, denen ich auf Twitter folge und was ich sonst noch tue, um auf dem aktuellen Stand zu sein. Wenn möglich, bringen Sie ihn dazu, eine Konferenz zur Jugendpastoral zu besuchen. Es muss Ihr Ziel sein, dass er sich nie fragt: „Wofür bezahle ich diese Person?" Sobald das, was Sie tun, wie ein Geheimnis wirkt, kann das Misstrauen in Ihre Beziehung bringen. Wenn er genug weiß, wird er der Jugendpastoral offen gegenüberstehen.

4. Mit der Jugend kommunizieren

Ihr Pfarrer verfügt über eine Plattform, die das Wachstum Ihrer Pastoral beschleunigen kann. Ich bin gesegnet, denn mein Pfarrer erlaubt mir, diese Plattform mitzunutzen. Jede Woche habe ich die Möglichkeit, die Gemeinde anzusprechen; dabei geht es nicht immer um Jugendpastoral. Es geht darum, dass die Leute mein Gesicht mit meinem Namen verbinden. Auch für den Pfarrer bietet es die Gelegenheit, allen mitzuteilen: *„Es lohnt sich, diesem Typen zuzuhören – das gilt für Sie und für mich."*

Ihr Pfarrer kann auch mit der Jugend kommunizieren. Das bedeutet nicht, dass er ihre Sprache lernen muss, aber Sie können Ihren Pfarrer darauf aufmerksam machen, dass Jugendliche seiner Predigt zuhören. Wenn er Analogien oder Beispiele bringt, dann soll er sich fragen: *„Wie wird ein junger Mensch das auffassen?“* Sorgen Sie dafür, dass er mit den Jugendlichen nicht auf oberlehrerhafte Weise spricht. Ermutigen Sie ihn, authentisch aber auch darauf gefasst zu sein, dass er sie mit seinen Worten nicht erreicht. Wenn die Jugendlichen den Eindruck haben, dass der Pfarrer mit ihnen spricht, ohne sie zu belehren, werden sie zuhören. Sie werden bemerken, dass die Pfarrgemeinde sich um sie kümmert. Wenn sie erkennen, dass der Pfarrer in sie investiert, werden sie auch etwas zurückgeben.

Dienst und Auftrag

In meiner Jugend hatten die Jugendlichen in der Pfarrgemeinde meines Heimatorts keine große Bedeutung. Man konnte ministrieren, aber das war es dann auch schon. Es war nicht direkt verboten, dass Jugendliche Platzanweiser und Platzanweiserinnen waren oder sich im Lektoren- und Kantorendienst engagierten – sie wurden schlicht nie gefragt. Es sah so aus, als kämen Menschen einfach so in verschiedenen Rollen. Es gab nie Ankündigungen von der Kanzel oder eine Einladung im Wochenbrief zu diesen Diensten, auch ich selbst wusste es nicht. Es war ein Geheimnis. Vielleicht gab es so etwas wie einen Code unter den Erwachsenen, um die Jugendlichen fernzuhalten.

Einen Dienst und eine Aufgabe zu haben, ist wichtig für weitere Schritte in der Entwicklung von Jüngerschaft in unserer Pfarrgemeinde. Sie helfen uns, andere zu lieben, Gott zu ehren und andere zu gewinnen. In Nativity sind Dienst und Mission sehr wichtig für unsere Wochenenden. Wenn Sie sonntags in eines unserer Gebäude kommen, werden Sie nicht nur hunderte Erwachsene bei verschiedenen Diensten sehen, sondern unter ihnen auch viele Jugendliche. So fördern wir generationenverbindende Dienste. Jugendliche öffnen Türen, servieren Kaffee, machen Musik und kümmern sich um kleine Kinder. Jugendliche können viele verschiedene Dienste übernehmen, auch in Leitungsfunktionen.

Viel zu oft übergeben wir Jugendlichen Dienste, in denen sie nichts mit Erwachsenen zu tun haben. Wenn sie von niemandem lernen können, fehlt ihnen ein wichtiger Teil ihrer spirituellen Entwicklung. Alle Dienste in Ihrer Pfarrgemeinde sollten Jugendliche und Erwachsene ansprechen. Die Bischofskonferenz der USA betont die Wichtigkeit generationenverbindender Beziehungen, wenn sie sagt:

„Generationenverbindende Beziehungen geben jungen Menschen die Möglichkeit, die Geschichte des katholischen Glaubens durch Tun kennenzulernen und das Gefühl zu entwickeln, zur Kirche zu gehören.“

Es ist zwar toll, etwas mit Gleichaltrigen zu teilen, aber in generationenverbindenden Beziehungen können die Jugendlichen darüber hinaus etwas lernen. Sie werden immer wieder von der Weisheit Erwachsener profitieren. Sie können sich verschiedene Wege überlegen, wie Erwachsene das tun können.

Achten Sie auf folgendes, wenn sie ein generationenverbindendes Projekt entwickeln wollen:

1. Es ist klar und zugänglich

Es ist einfach zu sagen: *„Jugendlichen ist die Kirche egal, weil sie nicht eingebunden werden.“* Sie wissen vielleicht nicht, wie sie hineinkommen können. Also hören Sie nicht auf, sie einzuladen. Lassen Sie sie wissen, dass sie sich jederzeit melden können, wenn Sie weitere Informationen brauchen. Machen Sie ihnen klar, welches die Schritte auf dem Weg dahin sind. Wenn nötig, stehen Sie ihnen während des ganzen Prozesses zur Seite.

2. Es gibt Erwachsene, die Jugendliche lieben

Schicken Sie die Jugendlichen nirgendwohin, wo sie keine Unterstützung erfahren. Noch besser ist es, wenn Sie gar nicht zulassen, dass eine solche Atmosphäre entsteht. Wenn möglich, finden Sie Erwachsene, welche gerne Mentoren und Mentorinnen für Jugendliche sein möchten, die einen Dienst übernehmen wollen. Geben Sie den Jugendlichen die Möglichkeit, den Erwachsenen bei ihrem Dienst zuzuschauen. Die Erwachsenen werden sie unterstützen und persönlich in ihre Entwicklung investieren. Schaffen Sie so etwas wie Lehrstellen, in denen Jugendliche lernen, wie Kirche funktioniert.

3. Halten Sie Ihre Standards hoch

Behandeln Sie Jugendliche wie Erwachsene, und sie werden Ihre Erwartungen übertreffen. Wir sind in Versuchung, die

Jugendlichen zu belehren, weil wir Angst haben, dass die Dinge zu kompliziert für sie werden. Wenn Sie alles zu einfach machen, werden die Jugendlichen die Erfahrung nicht wertschätzen. Legen Sie die Latte hoch, setzen Sie Erwartungen in die Jugendlichen und behandeln Sie Ihre Freiwilligen wie Mitarbeiter und Mitarbeiterinnen. Jugendliche werden es schätzen, wenn Sie viel von ihnen erwarten.

Erste Schritte

1. Präsent sein

Weiß Ihre Pfarrgemeinde, dass Sie als Person existieren? Diese Frage mag merkwürdig klingen, aber es gab eine Zeit, in der die Menschen nicht wussten, dass ich in der Pfarrgemeinde angestellt war und was ich den ganzen Tag über tat. Wenn Ihre Pfarrgemeinde nicht weiß, dass es Sie gibt, dann werden die Menschen auch nicht viel über Ihre Pastoral wissen. Als Verantwortlicher oder Verantwortliche für Jugendpastoral sind Sie das Gesicht, das Sprachrohr und haben die Anwaltschaft für die Jugend Ihrer Pfarrgemeinde. Schütteln Sie viele Hände und achten Sie darauf, dass die Menschen Sie kennen.

Das behagt Ihnen vielleicht nicht, und Sie sagen: *„Mir gefällt es besser hinter den Kulissen“* oder *„Es soll doch um Jesus gehen“*. Das kann beides sein, aber das wird nicht funktionieren bzw. geschehen, wenn niemand weiß, was Sie wollen. Sie werden niemanden in die Nachfolge Jesu führen, wenn die Menschen nicht wissen, dass Sie dafür da sind. Tun Sie folgendes:

2. Am Wochenende da sein

Die nächsten beiden Sätze mögen hart zu verdauen sind, aber glauben Sie mir:

- Die Sonntage sollten zu Ihrem Dienstplan gehören
- Sie (und Ihre Familie) sollten dort den Gottesdienst besuchen, wo Sie arbeiten

Allein Ihre Gegenwart sagt den Leuten: *„Ich glaube an diese Gemeinde, und Sie sollten das auch tun."*

Wenn Sie am Wochenende nicht in Ihrer Pfarrgemeinde präsent sind, werden die Menschen die Integrität Ihrer Arbeit in Frage stellen. Sie werden zu Recht fragen: *„Wenn dieser Ort nicht genug für den Leiter oder die Leiterin der Jugendpastoral ist, ist er dann gut genug für mich?"*

Ich will ehrlich sein. Es fällt mir oft schwer, einen Tag meines Wochenendes herzugeben. Ich muss meine freien Tage koordinieren und versäume manche Familienfeiern. Es ist eine Last, die meine Frau und mich ständig betrifft. Manchmal ist es kein Problem, weil wir beide von der Vision überzeugt sind, aber manchmal ist es einfach nervig. Es ist ein großes Opfer, aber es lohnt sich, weil es viel alltäglichen Frust verhindert.

Wenn Sie am Wochenende präsent sind, können Sie leichter Freiwillige gewinnen. Sie können in Kontakt mit Jugendlichen und der übrigen Gemeinde kommen. So bekommen alle mit, dass Sie am Höhepunkt der Woche in der Gemeinde präsent sind. Ihr Beruf wird so immer weniger zum Job und immer mehr zu einer Berufung.

Am Wochenende präsent zu sein kann es für Sie auch schwerer machen, sich auf den Gottesdienst einzulassen und etwas Geistliches für sich mitzunehmen.

Sie müssen auch Grenzen setzen. Wenn ich mit meiner Familie zur Messe gehe, entfernen wir unsere Namensschilder und ich werde Teil der Gemeinde. Auch wenn ich die Kommunion spende, bin ich kein Angestellter. Es kam schon vor, dass Leute während der Messe zu mir kamen und etwas über die Firmvorbereitung wissen wollten. Dann sage ich ihnen (liebevoll), dass wir nach der Messe darüber reden können.

Es ist schwierig, dort zu beten, wo Sie arbeiten, und es ist ein Opfer, aber wenn Sie gemeinsam mit Ihrer Gemeinde beten und Gottesdienst feiern, wachsen Sie zusammen, weil Sie auf einem gemeinsamen geistlichen Weg sind.

3. Netzwerker sein

Ihr Einflussbereich ist begrenzt, also müssen Sie sich unbedingt mit anderen vernetzen. Neben den Kontakten am Wochenende pflegen Sie auch mit Menschen in Ihrer Pfarrgemeinde Kontakt, die einen großen Freundeskreis und viel Einfluss haben. Diese Leute werden Ihr Anliegen verbreiten und Ihnen Ressourcen und Menschen verschaffen, die sich gerne einbringen und etwas investieren werden. Starten sie mit dem Pfarrgemeinderat und anderen Gruppen, die Teil Ihrer Pfarrgemeinde sind. Teilen Sie Ihre Vision mit ihnen, sowie Ihre Aufgabe und Ihren Dienst. Laden Sie sie ein, sich anzuschauen, was Sie sonntagabends machen oder wann auch immer Ihre Jugendgruppe sich trifft. Verbringen Sie Zeit miteinander und knüpfen Sie Beziehungen.

Je besser die Menschen Sie kennenlernen, desto mehr werden sie Ihnen helfen wollen. Sie werden für Sie eintreten. Sie werden andere, die an Jugendpastoral interessiert sind, direkt an Sie verweisen. Sie werden Ihnen den Rücken stärken, wenn Sie unter Druck stehen, und Sie werden Ihre Pastoral wesentlich unterstützen.

Verlassen Sie die Jugendräume und achten Sie darauf, dass die Menschen die Jugendlichen in Ihrer Pfarrgemeinde wahrnehmen. Wenn Sie ein gutes Jugendprogramm aufbauen und auch lebendige Präsenz von Jugendlichen in vielen Bereichen der Pfarrgemeinde fördern, werden Sie die Gemeinde auf die nächste Ebene der Jüngerschaft führen. Neues Leben wird entstehen, und die Energie, die daraus entsteht, wird ansteckend sein.

Teil VI: Nachhaltig planen

18. Das Chaos akzeptieren

Meine Gnade genügt dir; denn die Kraft wird in der Schwachheit vollendet. Viel lieber also will ich mich meiner Schwachheit rühmen, damit die Kraft Christi auf mich herabkommt. Deswegen bejahe ich meine Ohnmacht, alle Misshandlungen und Nöte, Verfolgungen und Ängste, die ich für Christus ertrage; denn wenn ich schwach bin, dann bin ich stark. (2 Kor 12,9 – 10)

Neben der Frage „*Warum tue ich das?*“ werden Sie sich auch fragen: „*Kann ich weitermachen?*“ Von außen betrachtet kann Jugendpastoral ganz einfach sein. Viele glauben, dass es darum geht, Jugendliche einzuladen, um gemeinsam Zeit zu verbringen, Pizza zu kaufen und lustige Aktivitäten zu planen. Niemand sagt Ihnen, wie anstrengend das emotional, spirituell, physisch und mental sein kann.

Ganz gleich, wie lange Sie in der Jugendpastoral tätig waren, es kommt die Zeit, wo allein Gottes Gnade Sie durchträgt.

Das ist die Zeit, wenn die meisten aufhören und etwas anderes, besseres machen wollen. Ganz egal, wie Sie es angehen oder organisieren, Jugendpastoral ist chaotisch.

Meinen ersten Marathon lief ich nicht zu Ende. Ein ganzes Jahr lang hatte ich trainiert, war früh aufgestanden, hatte meine Ernährung umgestellt, hatte meinen Verstand, meinen Körper und meine Seele dem Marathon gewidmet. Zwei Meilen vor dem Ziel stürzte ich. Es war nicht so, dass ich aufgab. Es wurde nicht zu schwer. Ich war einfach dehydriert. Ich dachte, dass ich das kontrollieren könnte. In der einen Minute rannte ich voller Ausdauer, in der nächsten Minute sagte mir ein Sanitäter, dass ich mich beruhigen sollte, und ich wurde mit dem Krankenwagen ins Maryland General Hospital in Baltimore eingeliefert.

Ich befand mich in einem Gefühlschaos. Es war mir peinlich, weil meine Familie und andere gekommen waren, um mich laufen zu sehen. Ich war frustriert, weil die Anstrengung eines Jahres in einem Augenblick zerstört worden war. Ich war enttäuscht, weil es schon wieder etwas gab, das ich nicht zu Ende gebracht hatte. Ich war fertig, am Boden zerstört. Wir alle kennen das Scheitern. Es ist unvermeidbar, weil wir Menschen sind. Zwei der Gründe, warum Menschen und Pfarrgemeinden in der Jugendpastoral aufgeben, sind Enttäuschung und Scheitern.

Sie werden viel Energie in eine Veranstaltung investieren, zu der nur wenige Leute kommen. Sie werden sich die Haare raufen, wenn Eltern sagen: *„Diese Mail haben wir nie bekommen“*, auch wenn Sie sie unzählige Male ausgeschickt haben. Sie werden die Hoffnung verlieren und sich hilflos fühlen, wenn Frauen und Männer nicht auftauchen, die freiwillig mitarbeiten wollten.

Als Verantwortlicher für Jugendpastoral hatte ich mit vielen Schwierigkeiten zu kämpfen und bin so oft gescheitert, dass ich es nicht einmal mehr zählen kann. Wegen mir wurde einem Jugendlichen schlecht, weil er etwas Falsches gegessen hatte. Ich ließ die Tür der Kirche eine Nacht lang unversperrt. Ich verlor Geld beim Fundraising, startete dreimal erfolglos ein Projekt mit Jugendlichen und ignorierte Freiwillige, die meine Hilfe gebraucht hätten. Ich habe Fehler gemacht, landete in Sackgassen und ging leer aus. Doch ich lernte, dass es in Ordnung ist, zu scheitern. Tatsächlich kann Scheitern sogar unseren Charakter formen, wenn man richtig damit umgeht.

Scheitern gehört dazu

Ich habe viele Fehler gemacht, aber besonders ist mir in Erinnerung geblieben, dass ich Geld beim Sammeln von Spenden verlor. 2004 gab es ein starkes Erdbeben im Indischen Ozean. Die Folgen waren ein Tsunami und Nachbeben, die Thailand und Indonesien betrafen. Unsere Pfarrgemeinde reagierte umgehend und wir schickten einen Teil unserer Kollekte zu den Opfern. Jugendliche in unserer Pfarrgemeinde waren sehr berührt und einige kamen zum Pfarrer mit der Idee, ein Benefizkonzert zu veranstalten. Sie hatten eine Band und Freunde, die ebenfalls in Bands spielten, und sie hatten viele Fans. Unser Pfarrer stimmte zu und sie veranstalteten das erste *„Be the Relief“*-Konzert. Sie sammelten viel Geld und machten Bewusstseinsbildung. Das funktionierte so gut, dass sie ihre Anstrengungen nach dem Hurrican Catrina an der Golfküste 2005 verdoppelten. Auch wenn sie nicht so viel Geld sammelten wie beim ersten Mal, war es doch eine beachtliche Summe.

Diese Veranstaltungen waren so erfolgreich, weil sie Emotionen hervorriefen und weil ich nicht eingebunden war. Bei den ersten beiden Konzerten war ich nicht in die Planung oder Organisation involviert, weil es eine Veranstaltung von Jugendlichen aus der Oberstufe war, und ich war für die älteren zuständig. Rückblickend wünsche ich mir, dass ich bestimmender in der Planung mitgewirkt hätte.

Ungefähr ein Jahr später, als ich auch die Jugendlichen der Oberstufe übernahm, fragten sie mich, ob sie ein drittes Konzert veranstalten könnten. Ich verfiel sofort in Panik.

Ich weiß nicht, wie es Ihnen mit der Planung von Veranstaltungen geht, mir bricht sofort der Schweiß aus. Ich kenne mich mit der Logistik nicht aus, aber es ist einfach überwältigend. Ich wollte die Gefühle der Jugendlichen auch nicht verletzen. Ich wünschte mir so sehr, dass sie mich mochten, also versprach ich ihnen, mich um die Erlaubnis des Pfarrers zu bemühen.

Ich ging in sein Büro und betete, dass er sagen würde: *„Tut mir leid, wir haben das schon zweimal gemacht, und ich sehe keinen Grund, das zu wiederholen."* Stattdessen fragte er, ob es für mich ok wäre, das zu organisieren. Ich geriet wieder in Panik. Eine innere Stimme schrie: *„Sag nein!"*, aber mein Mund formte die Worte: *„Ja, sicher, das geht schon"*, und ich ging wieder.

Nun hätte ich zurück in sein Büro gehen und sagen können: *„Tut mir leid, ich habe mich versprochen"*, aber die Angst, die Jugendlichen zu enttäuschen, trieb mich an. Ich wünschte mir verzweifelt, dass sie mich mochten. Obwohl ich mich überfordert und unvorbereitet fühlte, machte ich mit der Planung weiter. Das Konzert beschäftigte mich die ganze Zeit, aber es war einfach nicht die Nummer eins auf meiner Prioritätenliste. Alles, was ich machte, tat ich im letzten Moment. Ich bemühte mich nicht besonders, Werbung zu machen, weil ich davon überzeugt war, dass die Bands genügend Fans hätten. Für mich war die ganze Veranstaltung mehr eine Last als eine Gelegenheit. Ich betete, dass es bald stattfinden würde, dass viele Leute kämen und dass ich dann endlich weitermachen konnte. Es war soweit, aber niemand kam. Die Veranstaltung war ein absoluter Reinfall. Naja, ca. 40 Leute waren gekommen – gut geschätzt – aber es war einfach schlimm. Der Abend war lang und schmerzlich. Ich ging nach Hause, mir war schlecht und ich fürchtete mich davor, wie ich dem Pfarrer gegenübertreten sollte.

Als ich am nächsten Tag ins Büro kam, trat unser Wirtschaftsverantwortlicher auf mich zu, er war unglaublich nett. Er informierte mich darüber, dass wir mit dem Benefizkonzert $ 3200 verloren hatten. Am liebsten hätte ich mich unter meinem Schreibtisch versteckt. Ich hatte keine Ahnung, wie ich das dem Pfarrer beibringen sollte. Also sagte ich es ihm nicht. Ich brachte einfach nicht den Mut dazu auf. Ich betete, dass sich das Problem einfach von selbst lösen würde. Natürlich kam er dahinter. Als ich an diesem Tag nach Hause gehen wollte, kam er aus seinem Büro, um mit mir zu sprechen. Noch nie hatte mir jemand so den Kopf gewaschen. Ich ging nach Hause und weinte.

Ich wusste nicht, ob ich am nächsten Tag noch einen Job haben würde, aber der Pfarrer verzieh mir, statt mich zu feuern. Er habe sich so aufgeregt, weil er nicht von mir vom Scheitern des Konzerts erfahren habe. Er verstand nicht, warum ich ihn nicht schon längst um Hilfe gebeten hatte. Seit damals weiß ich, dass mein Pfarrer wirklich möchte, dass ich Erfolg habe: Er wollte nur nicht von anderen von meinem Scheitern erfahren. Es bedeutete mir sehr viel, dass mein Pfarrer immer noch in mich investieren wollte.

Scheitern formt den Charakter, weil es Sie aus der Komfortzone herausholt und Sie wachsen lässt. Es erlaubt Ihnen, Ihre Stärken und Schwächen zu entdecken. Scheitern bedeutet nicht den Untergang, weil Gott Ihnen immer aufhilft, wenn Sie es zulassen, ganz egal, wie eine Sache ausgeht. Scheitern kann Ihnen folgendes bringen:

1. Demut

Ich hatte mir so viele Gedanken darüber gemacht, was andere von mir denken würden, wenn ich nein sagte, also traf ich meine Entscheidung aus Stolz. Weil ich mir die Hände nicht schmutzig machen wollte, habe ich mich nicht richtig bemüht. Es ging nur um mich dabei. Scheitern hilft uns zu verstehen, dass sich nicht alles um uns dreht.

Wir müssen nicht unbedingt scheitern, um zu Demut zu gelangen, aber es beschleunigt den Prozess. Es erinnert uns daran, dass es nicht in erster Linie um uns geht. Scheitern zeigt uns, dass Gott einen Plan hat, und egal, wie sehr wir dagegen arbeiten, er wird die Oberhand gewinnen. Demut bedeutet auch zu verstehen, dass das, was Gott für uns vorhat, das Beste für uns ist und dass wir es annehmen sollen. Dazu müssen wir an unserer Beziehung mit ihm arbeiten. Um Demut zu üben – besonders im Scheitern – denken Sie darüber nach, wie es Ihnen mit Gott geht. Vertrauen Sie ihm? Wenn nicht, warum? Scheitern erinnert uns daran, unsere Entscheidungen basierend auf dem Plan zu treffen, den Gott für uns hat. Sobald wir verstehen, dass es nicht um unseren Ruf, sondern um die Ehre Gottes geht, haben wir endlos viele Möglichkeiten.

2. Wachstum

Obwohl ich mich anfangs nicht gut auskannte und viele Fehler gemacht habe, brachte mir das echte Erkenntnisse. Diese Zeit motivierte mich dazu, Disziplin zu lernen und gab mir Kraft, die richtigen Entscheidungen zu treffen, nicht die, die beliebt waren. Wenn Sie etwas nicht gleich richtig machen, wird das Scheitern Ihnen die Möglichkeit geben, beim nächsten Mal aus Ihren Fehlern zu lernen. Wenn wir Erfolg haben, vergessen wir oft, darauf zu schauen, was uns erfolgreich macht. Durch das Scheitern wird jede Situation zu einem Lernprozess. Scheitern schenkt uns eine Weisheit, die wir weitergeben können.

Erste Schritte

Sie sollten jetzt aber nicht loslegen und versuchen, so viele Fehler wie möglich zu machen, nur um zu lernen. Scheitern kann auch Positives bringen, aber es sollte Ihnen nicht zur Gewohnheit werden. Achten Sie auf hohe Standards, versuchen Sie, sich um die Vision Ihrer Pastoral, Ihrer Pfarrgemeinde und dessen, was Gott für Sie vorhat, zu bemühen. Denken Sie daran, dass Sie nie alles erreichenwerden, was Gott für Sie vorhat, aber das bedeutet nicht, dass Sie beim Scheitern und im Chaos verweilen sollen. Sie müssen nur wissen, wie Sie damit umgehen. Wenn Sie scheitern, ist folgendes wichtig:

1. Ihr Scheitern eingestehen

Wir tendieren dazu, das Scheitern zu verleugnen und es als Lernprozess zu tarnen. Sie können in Bezug auf das Scheitern lügen, aber es ist nicht sehr weise, in der Verleugnung zu leben. Die Menschen werden Sie durchschauen und Ihre Kompetenz in Frage stellen. Wenn Sie zu Ihren Unzulänglichkeiten stehen, geben Sie zu, dass es ein Problem gibt. Ein Problem kann nur dann gelöst werden, wenn Sie zugeben, dass es existiert.

2. Verantwortung übernehmen

Es ist genauso einfach für uns, das Scheitern zu verleugnen, wie mit dem Finger auf jemanden zu zeigen oder einen Sündenbock zu finden. Schließlich kann jemand anderer etwas falsch gemacht haben oder eine Situation ist Ihnen aus den Händen geglitten. Wenn niemand die Verantwortung übernimmt, stehen die Chancen gut, dass wieder so etwas geschieht. Scheitern ist nicht dasselbe wie Schuld. Eine Zeit lang war ich ziemlich schlecht darin, Fragen für unsere Kleingruppen zu formulieren. Ich stelle zu viele geschlossene Fragen, und die Gespräche kamen einfach nicht in Gang. Einige Freiwillige sprachen mich darauf an. Anstatt ihre Rückmeldung und ihren Rat anzunehmen, schob ich die Schuld auf die Jugendlichen. Ich sagte den Freiwilligen, dass sie einfach eine schwierige Gruppe waren und nicht hier sein wollten. Ich hörte nicht auf den weisen Rat und übernahm meine Verantwortung nicht, ich gab einfach anderen die Schuld.

3. Nach Einsicht und Verantwortlichkeit suchen

Scheitern wird Ihr Ego herausfordern und schädigen. Es ist sehr schwierig, damit zurecht zu kommen. Auch wenn Sie die Situation gerne selbst in Ordnung bringen würden, ist es wohl viel einfacher, wenn Sie sich helfen lassen. Setzen

Sie sich später mit jemandem zusammen, der Sie versteht und Sie unterstützt. Lassen Sie sich Punkte aufzeigen, die Sie hätten vermeiden können und schauen Sie gemeinsam, was als Nächstes zu tun ist. Wenn jemand Sie unterstützt, geht der Heilungsprozess viel schneller.

4. Keine Angst vor (neuen) Fehlern

Auch wenn Sie Ihre Fehler nicht wiederholen möchten, ist es sehr wichtig, sich nicht vor dem Scheitern zu fürchten. Um die Angst zu verlieren, übergeben Sie sie einfach an Gott. Erlauben Sie ihm, die Kontrolle zu übernehmen und vertrauen Sie ihm, dass er Sie auf dem Weg zu Ihrer Vision führen wird.

Scheitern kann auch negative Konsequenzen haben. Niemand möchte scheitern, aber man kann nicht immer auf der sicheren Seite sein, das bringt auch Schwierigkeiten. Wenn Sie immer auf der sicheren Seite sein und es allen rechtmachen wollen, wenn Sie niemals scheitern, um zu wachsen, wird das Ihrer Pastoral einen langsamen aber sicheren Tod bescheren. Wir können zwar nicht 100 Prozent dessen erhalten, was uns gelingt, aber wir können 100 Prozent verlieren, wenn wir nichts versuchen. Wenn Sie scheitern, zeigen Sie Demut und lassen Sie sich helfen! Die Leute akzeptieren Menschen als Leiter, die dieses Risiko eingehen und sich helfen lassen.

Ich brauchte lange, um mich mental und emotional von der katastrophalen Erfahrung beim Marathon zu erholen. Ich erinnere mich, dass ich vor dem nächsten Lauf unglaubliche Angst verspürte. Gedanken wie *„Werde ich das jemals schaffen?“*, *„Werde ich mich verletzen?“* und *„Könnte ich dabei sterben?“* gingen mit durch den Kopf. Es war ein

Moment der Demut und Klarheit, der mir half zu wachsen. Ich erkannte, dass Laufen immer ein Risiko ist, unabhängig davon, wie viel ich trainierte oder mich bemühte. Aber es war es wert. In mir gab es einen Teil, der unbedingt laufen wollte, und zwar weit laufen wollte.

Ich musste die Tatsache akzeptieren, dass ich nicht alles wusste, also musste ich meine Perspektive ändern. Im nächsten Jahr wollte ich den Marathon beim Baltimore Running Festival laufen. Der entscheidende Unterschied zum ersten Mal war, dass ich jetzt wesentlich besser auf Hindernisse vorbereitet war.

Jugendpastoral ist weder bequem noch einfach. Sonst würden es wohl viel mehr Leute machen. Es muss eine gewisse Spannung darin geben und es ist schwer, das auszuhalten. Wenn Sie scheitern, versuchen Sie es erneut. Wenn Sie müde werden, machen Sie eine Pause. Wenn Sie gegen die Wand laufen, ändern Sie die Richtung. Denken Sie daran, dass Sie nicht allein sind.

Ich weiß, dass einige von Ihnen fragen: *„Chris, warum schreiben Sie ein ganzes Kapitel über das Scheitern?“* Ich wollte den Grund ansprechen, weswegen viele Pfarrgemeinden ihre Jugendpastoral aufgeben. Was wir in meiner Pfarrgemeinde von vielen anderen Modellen lernten, wurde an unsere spezielle Situation angepasst. Ich kann nicht versprechen, dass das alles auch bei Ihnen funktionieren wird, aber das ist in Ordnung. Versuchen Sie es einfach und adaptieren Sie. Wenn es schiefgeht, denken Sie daran, dass nicht SIE scheitern.

Jugendpastoral kann frustrierend sein, weil sich die Zielgruppe sehr schnell verändert. Es kann schwierig werden, wenn Ihr Pfarrer Nein sagt. Es kann überfordernd sein, wenn sich immer wieder mal keine Freiwilligen finden. Jugendpastoral ist hart und sie ist chaotisch (Chaos pur!), weil das einfach die menschliche Natur ist. Es sieht also nach viel Arbeit und einem großen Risiko aus. Nur wozu?

Ich verspreche Ihnen, dass Ihre Mitarbeit am Reich Gottes unbegrenzt sein wird, wenn Sie sich der Herausforderung stellen, mit der Jugend in Ihrer Pfarrgemeinde zu arbeiten. Mit jungem Verstand und jungem Herzen werden Sie den Mut finden, große Probleme anzugehen. Sie helfen dabei, Fähigkeiten und Talente bei den Jugendlichen zu entdecken, die niemand vor Ihnen gesehen hat, weil sie einzigartige Persönlichkeiten sind, die gerade jetzt im Leben Ihrer Pfarrgemeinde und der katholischen Kirche leben.

Lernen Sie weiter, machen Sie weiter. Ich habe auch nicht alle Antworten – niemand hat sie, aber ich begleite Sie gerne und teile mit Ihnen, was ich in den Jahren, in guten und schlechten Zeiten, gelernt habe.

19. Die richtigen Fragen stellen

Wisst ihr nicht, dass die Läufer im Stadion zwar alle laufen, aber dass nur einer den Siegespreis gewinnt? Lauft so, dass ihr ihn gewinnt! (1 Kor 9,24)

Vielleicht sind Sie ein Pfarrer und einige Eltern haben Sie angesprochen, ob Sie nicht eine Jugendgruppe gründen wollen. Vielleicht hat Ihre Nachbargemeinde eine und das hat sich positiv herumgesprochen. Vielleicht sind Sie neu in der Verantwortung für die Jugend und wurden vor kurzem eingestellt, um der Jugendpastoral in der Pfarrgemeinde neues Leben einzuhauchen. Oder Sie sind schon länger in dieser Position und sind auf der Suche nach Veränderung oder neuen Zugängen. Ganz gleich, welche Vision Sie haben, wenn Sie nicht wissen, wo Sie beginnen sollen (oder wo Sie gerade sind), werden Sie wahrscheinlich in die falsche Richtung gehen. Jugendpastoral neu aufzustellen ist mehr als eine Richtung vorzugeben. Sie müssen herausfinden, wie es in Ihrer Pfarrgemeinde um die Jugendpastoral bisher bestellt war, bzw. ob überhaupt noch etwas vorhanden ist

Es war an meinem ersten Tag als Jugendverantwortlicher für die Mittelstufe. Mit dem Programm für die Jugendlichen hatten wir noch nicht angefangen, aber es war wichtig für mich, meinen Platz zu finden und ein Gefühl für das Wochenende in der Pfarrgemeinde zu bekommen. Niemand wusste wirklich, wer ich war, obwohl ich einigen wohl als Fremder aufgefallen war. Ich ging herum, beobachtete und versuchte, alle Eindrücke in mich aufzunehmen. In den ersten Tagen versucht man immer, die Situation zu bewerten. Sie wollen Leute beeindrucken, aber Sie wollen auch so authentisch und transparent wie möglich sein. Ich war gelinde gesagt ein wenig überfordert. Ich erinnere mich, dass ich den halben Tag lang nach dem Pfarrer suchte, der mit vielen Ministranten und Ministrantinnen unterwegs war. Die stellten mir viele Fragen und lachten über meine Antworten. Sie machten sich nicht lustig über mich, sondern ich hatte das Gefühl, dass sie mich testeten. Ich war der Neue, sie würden mit mir an Wochenenden zusammenarbeiten und sie wollten einfach wissen, mit wem sie es zu tun hatten. Sie wollten wissen, wie lange ich es wohl hier aushalten würde.

Zu Mittag schnappte ich mir ein Pizzastück und ging in den Raum, in dem Freiwillige sich zwischen den Messen und Veranstaltungen aufhalten konnten. Ich fühlte denselben Druck, den ich als Kind am ersten Tag in einer neuen Schule hatte. Ich wollte, dass die Menschen mich mochten, weil sie meine zukünftigen Freiwilligen sein könnten. Ich wollte nicht, dass sie sich fragten: „Warum ist er da?“. Ich wollte nicht zu viel Aufmerksamkeit auf mich ziehen und gleichzeitig wollte ich nicht unsichtbar sein. Ich versuchte, so viel Small Talk wie möglich zu machen, um mehr über die Menschen und die Pfarrgemeinde in Erfahrung zu bringen. Und am Ende dieses Tages fühlte ich mich willkommen und akzeptiert.

Ich erinnere mich daran, dass ich erschöpft aber auch dankbar für den ersten Tag war. Ich hatte das Eis gebrochen und dachte, dass ich bereit für meine Aufgabe sei. Das einzige Problem – aber das war ein ziemlich großes – war, dass ich meine erste Woche ziemlich selbständig gestalten musste. Mein Mentor Tom sollte mir alles zeigen und mir helfen, mich einzugewöhnen.

Leider war er aber auf einer Konferenz, seine einzige Anweisung war: *„Ruf die Leute auf dieser Liste an und frag sie, ob sie eine Kleingruppe mit Jugendlichen leiten wollen."* Wenn das nicht einschüchternd war! Ich musste Menschen, die ich nicht kannte, fragen, ob sie freiwillig bei etwas mitarbeiten wollten, was mir selbst noch nicht ganz klar war. Doch das war meine Anweisung und ich wollte sie erfüllen. So rief ich alle Fremden auf der Liste an. Ich kam meist in die Mailbox, also hinterließ ich merkwürdige Nachrichten. Als Tom zurückkam, fragte er: *„Wie ist es gelaufen?"* Ich hatte echt keine Idee, was ich sagen sollte.

Immer, wenn Sie etwas Neues tun, kann es sich unwirklich anfühlen. Sie treten auf der Stelle und fragen sich, wie Sie vorankommen sollen oder ob Sie nur auf der Stelle treten. Wenn ich an die erste Woche zurückdenke, weiß ich jetzt, dass Gott wollte, dass ich wartete, mir alles ansah und zuhörte, aber das habe ich damals nicht verstanden.

Wenn Sie frisch in der Jugendpastoral beginnen und eine echte Veränderung wollen oder eine bessere Version Ihres selbst, müssen Sie sich auskennen. Sie müssen das Umfeld verstehen, die Veranstaltungen und die Menschen, die Sie umgeben. Wenn Sie das ignorieren, werden Sie nicht lange durchhalten. Bevor Sie sich auf den Weg machen, müssen Sie sich die richtigen Fragen stellen:

1. Wie steht meine Pfarrgemeinde zur Jugendpastoral?

Diese Frage wird oft übersehen. Nur weil eine Pfarrgemeinde Sie eingestellt hat oder mit der Jugendpastoral beginnen möchte, bedeutet noch nicht, dass sie weiß, worum es geht. Nach zehn Jahren werde ich noch immer von Eltern, Jugendlichen und anderen gefragt:

„Was tust du eigentlich?“

Ihre Pfarrgemeinde hat eine Vorstellung davon, was Jugendpastoral sein sollte, die muss nur nicht unbedingt stimmen. Wenn wir Renewing the Vision folgen, hat Jugendpastoral drei Ziele:

- Junge Menschen zu ermächtigen, heute in unserer Welt als Jünger und Jüngerinnen Jesu Christi zu leben
- Junge Menschen zu verantwortlicher Beteiligung am Leben, am Auftrag und der Arbeit der katholischen Glaubensgemeinschaft zu animieren
- Das persönliche und geistliche Wachstum jedes jungen Menschen zu fördern

Aus unterschiedlichen Gründen kennen wenige katholische Pfarrgemeinden diese Ziele oder bemühen sich, sie zu erreichen. In einigen Pfarrgemeinden gibt es eine Jugendpastoral, die mehr wie Babysitting von Heranwachsenden aussieht, wie Fundraising oder Sozialstunden für Jugendliche. Um die Ziele zu erreichen, die die amerikanische Bischofskonferenz vorgibt, müssen Sie herausfinden, was Ihre Pfarrgemeinde wirklich über Jugendpastoral weiß. Anders gesagt: *„Gab es bereits eine funktionierende Jugendpastoral?“ „Wie sah diese aus und war sie erfolgreich?“* Wenn Sie versuchen, bestehende Pastoral zu verbessern, stellen Sie ähnliche Fragen: *„Welche Elemente sind erfolgreich?“ „Wie definieren wir Erfolg?“ „Woran müssen wir noch arbeiten?“ „Haben wir eine gute Vision und ein gutes Leitbild?“*

Wenn Sie den Zugang Ihrer Pfarrgemeinde zu Jugendpastoral kennen, werden Sie besser verstehen, warum Ihre Position eine durch Sponsoren finanzierte oder eine Voll- oder

Teilzeitstelle ist. Es wird Ihnen dabei helfen zu verstehen, warum bestimmte Programme und Veranstaltungen wichtiger sind als andere. Es ist auch wichtig zu wissen, warum Ihr Pfarrer und der Pfarrgemeinderat Jugendpastoral wollen. Finden Sie heraus, ob Ihr Pfarrer und der Pfarrgemeinderat Erfahrung mit Jugendpastoral haben. Wenn ja, waren diese Erfahrungen positiv?

Zu wissen, wie Menschen in Ihrer Pfarrgemeinde – besonders die in Leitungsfunktionen – Jugendpastoral sehen und definieren, wird Ihnen helfen, Ihre Vision und Ihren Auftrag zu verbreiten. Eine Schwierigkeit in der Jugendpastoral ist, dass Sie mit Herausforderungen und Erwartungen konfrontiert werden. Vielleicht kommen Sie drauf, dass Eltern Ihre Kinder nicht zu Ihnen schicken, weil sie bereits Religionsunterricht an einer katholischen Schule haben. Jugendliche sind vielleicht nicht interessiert, weil sie glauben, dass das nur ein Ort für Sonderlinge ist. Erwachsene wollen vielleicht nicht als Freiwillige mitarbeiten, weil sie glauben, dass Sie nur Pizza servieren. Menschen werden Ihre Einladung mitzuarbeiten ablehnen, weil sie glauben, dass sie dazu theologische Bildung benötigen und sich nicht qualifiziert fühlen.

Unterscheiden Sie gut, was die Menschen in der Pfarrgemeinde denken und beziehen Sie sich auf die Vision und das Leitbild, um ihre Einstellung zu verändern. Das braucht Zeit. Je mehr die Leute sehen, was Gott mit den Jugendlichen in Ihrer Pfarrgemeinde tut, desto bereitwilliger werden Sie das unterstützen.

2. Wer sind die Menschen, die ich „erbe“?

Es ist schwer genug, wenn Sie neu in der Jugendpastoral sind, und es ist noch schwieriger, wenn Sie neu in der Pfarrgemeinde sind. Eine für Sie neue Pfarrgemeinde bedeutet, nicht zu wissen, wer kompetent ist, auf wen man sich verlassen kann oder wer Leitungsqualitäten hat. Um festzustellen, wen Sie in Ihrem Team brauchen, müssen Sie als erstes Beziehungen aufbauen.

Den Großteil meines ersten Jahres verbrachte ich mit Vieraugengesprächen mit den Leitern und Leiterinnen, die ich übernommen hatte. Es war nichts Besonderes. Ich traf mich mit ihnen auf einen Kaffee oder zum Essen und bat sie, von sich zu erzählen. Es gab keine vorbereiteten Fragen. Es war einfach eine Gelegenheit für ein gegenseitiges Kennenlernen. In dieser Zeit fand ich heraus, auf wen ich mich verlassen konnte, was meinen Dienst in der Pastoral als auch persönliche Dinge betraf.

Wenn Sie ein kleines Team übernommen haben, ist es leichter, sich mit den Freiwilligen an einem Ort außerhalb der Jugendräume zu treffen, um sich besser kennenlernen zu können. Sobald Sie das Eis gebrochen haben, können Sie kleine Risiken eingehen, indem Sie ihnen kleine Verantwortlichkeiten bei einem Projekt oder für eine Veranstaltung übertragen. Sie können beobachten, wie sie mit anderen zusammenarbeiten, wie sie Probleme lösen und mit unerwartetem Stress zurechtkommen.

Wenn Sie noch am Anfang stehen ist es leichter, zu beobachten, wie Menschen zusammenarbeiten, unerwartete Probleme lösen oder mit Herausforderungen umgehen, weil Sie noch keine emotionale Beziehung zu den Programmen oder Strukturen haben. Sie können objektiver sein.

Wenn Sie ein großes Team übernehmen, lassen Sie sich vom Pfarrer beraten oder von Leuten, die in der Jugendpastoral mitgearbeitet oder sie vorher geleitet haben. Treffen Sie sich mit denjenigen, die Ihnen für die Gruppenleitung geeignet erscheinen. Wenn Sie wissen, wer das sein wird, werden diejenigen Sie in den restlichen Fragen unterstützen.

Egal wie groß das Team ist, das Sie übernehmen: Sobald Sie sich akklimatisiert haben, werden Sie wissen, wer dabei bleibt und wer fehl am Platz ist. Aber achten Sie darauf, wie sie leiten und mit miteinander umgehen. Auch wenn Sie dieses Team übernommen haben, bedeutet das nicht, dass Sie diese Menschen für immer behalten müssen.

Selbstverständlich werden sie nicht alles sofort ändern, wenn Sie kommen, aber Sie haben das Recht und die Verpflichtung, sich mit den besten Leuten zu umgeben, damit Sie die beste Pastoral machen können.

Es gibt nichts Schrecklicheres als Freiwillige, die aufhören, noch bevor Sie überhaupt begonnen haben. Machen Sie sich keine Gedanken, wenn es am Beginn Ihrer Tätigkeit eine hohe Fluktuation gibt. Genauso wie Sie die Fähigkeiten der Freiwilligen bewerten, tun diese das auch. Es ist unwahrscheinlich, dass sie Sie nicht mögen, also nehmen Sie es nicht persönlich. Sehr oft ist es für Freiwillige eine gute Gelegenheit, sich zu verändern, wenn neue Hauptamtliche ins Team kommen.

3. Was muss sterben und was soll bleiben?

Mein erstes Projekt als Verantwortlicher für die Jugendpastoral war, ein Krabbenfest für die Mittelstufe zu planen. Das ist eine Tradition in Maryland, bei der wir Unmengen an Krabben bestellen, kochen und dann im Freien genießen.

Wenn Sie Krabben noch nie aus der Schale gegessen haben, wissen Sie nicht, wie viel Arbeit das ist, zumindest dann, wenn sie sie so essen, wie die Leute hier in Baltimore. Die Einheimischen brauchen nicht mehr als ein Plastikmesser, um die harte Schale zu entfernen. Doch wenn Sie das zum ersten Mal machen, empfehle ich Ihnen einen kleinen Holzhammer, um die Schalen aufzubrechen. Außerdem brauchen Sie jede Menge Zeitungspapier und Küchenrollen. Um das köstliche Krabbenfleisch zu genießen, müssen Sie die Schale Schicht um Schicht entfernen. Ihre Belohnung für all die harte Arbeit ist ein Teelöffel voll Krabbenfleisch. Es ist viel Aufwand für wenig Erfolg, aber jeder Mensch in Maryland scheint das zu lieben.

Als jemand, der aus New Jersey kommt, hatte ich keine Ahnung, was mich erwarten würde, als ich mein erstes Krabbenfest organisierte. Ich lernte gleich auf die harte Tour, dass man jemanden engagieren muss, um die Krabben zu transportieren. Wie sehr ich es auch versuchte, der Geruch von Meeresfrüchten und bestimmten Gewürzen war monatelang nicht aus meinem Auto zu bringen. Trotz des Geruchs und der Schwierigkeit, an das Fleisch zu kommen, machte das Krabbenfest großen Spaß. Es war eine großartige Gelegenheit, die Jugendlichen und Leiter und Leiterinnen kennenzulernen. Alle freuten sich dabei zu sein, und es war ein echter Meilenstein für das neue Arbeitsjahr. Auch wenn sie so beliebt war, brachte diese Veranstaltung nicht viel für die Nachhaltigkeit bzw. Langlebigkeit unserer Angebote. Mir war aber von vornherein klar, dass ich dieses Fest nicht einfach abschaffen konnte. Ich führte es auch im nächsten Jahr noch einmal durch, bevor ich die Entscheidung bekanntgab, aufzuhören. Dieses Format hatte sich überlebt. Zu meiner Überraschung bekam ich kaum negative Rückmeldungen, da die Leute meine Gründe nachvollziehen konnten. Leider galt das nicht für andere Angebote und Veranstaltungen, die ich abschaffen musste.

Angebote in der Pastoral können leicht zu heiligen Kühen werden. Menschen werden Sie inständig bitten und Sie zu überzeugen versuchen, dass Sie einen großen Fehler machen, wenn Sie etwas abschaffen. Nachdem Sie ein Angebot haben sterben lassen oder wenn Sie das nur ankündigen, müssen Sie sich auf Anrufe, Mails und persönliche Konfrontation vorbereiten. Manche Menschen werden das persönlich nehmen, also seien Sie nicht überrascht, wenn diese gleich direkt zum Pfarrer gehen. Auch wenn es völlig nachvollziehbar und klar ist, warum Sie etwas beenden, gehen Sie davon aus, dass einige sich mit Ihrer Entscheidung schwer tun. Um zu wissen, was Sie sterben lassen und was Sie weiterführen sollen, ist es nötig, die Früchte Ihrer Arbeit gut zu evaluieren. Anders gesagt: Ist der Erfolg all die Arbeit und den Aufwand wert, die Sie in ein bestimmtes Projekt oder eine Veranstaltung investieren? Wenn Sie gemäß der Vision und dem Leitbild arbeiten wollen, müssen Sie sicherstellen, dass alle Veranstaltungen und Angebote damit übereinstimmen. Wenn es nicht offensichtlich ist und Sie sich unsicher sind, nehmen Sie sich Zeit und seien Sie vorsichtig, bevor Sie etwas abschaffen!

4. Wozu braucht Gott mich?

Am Anfang wissen Sie vielleicht, warum Sie in die Pastoral gehen. Aber wissen Sie auch, was Gott von Ihnen will, dort wo Sie jetzt sind? Ich hatte eine Vorstellung davon, was ich wollte, als ich anfing. Ich wollte eine Jugendpastoral aufbauen, die besser war als alles, womit ich aufgewachsen war. Ich wollte einen Ort schaffen, wo alle Jugendlichen akzeptiert würden und niemand ausgeschlossen wäre. Ich würde großartige Veranstaltungen planen und wirklich coole Angebote schaffen – das war mein Plan.

Als ich acht Monate lang in Nativity gearbeitet hatte, schickte meine Pfarrgemeinde meine Kollegin Maria, die Verantwortliche für die Jugendlichen der Oberstufe, zwei unserer Freiwilligen und mich zur Konferenz „Purpose Driven Church“ in die Saddleback Gemeinde Kalifornien. Ich erinnere mich, dass ich mich fragte, was ich bei so einer Konferenz wohl lernen könnte. Was könnte man in der Jugendpastoral wohl noch verbessern, über die Planung von attraktiven Veranstaltungen für Jugendliche hinaus, die zeigen, dass Kirche Spaß macht. Auf dem Weg vom Flughafen zu unserem Hotel erzählte ich Maria von meiner Skepsis, ich machte Witze und urteilte über etwas, das ich gar nicht kannte.

Diese Konferenz hat mich für immer verändert. Es gab verschiedene Redner und Rednerinnen, die von ihren praktischen Erfahrungen berichteten und Musik, die uns dabei half, uns auf Gott zu konzentrieren. All das half mir zu erkennen, dass Jugendpastoral viel mehr ist, als ich zunächst dachte. Es gab keinen Höhepunkt im Laufe dieser Woche. Es war einfach so, dass eine Idee nach der anderen sich in mir festsetzte. Während der Konferenz fühlte ich, wie Gott an meinem Herzen zog und mir erzählte, dass er große Pläne für mich habe. An diesem Abend erkannte ich, dass meine Pastoral mehr sein würde als nur ein zeitlich begrenzter Job. Ich hängte mich rein und begann immer öfter die richtigen Fragen zu stellen.

Erste Schritte

Es ist egal, ob Sie 30 Sekunden oder 30 Jahre lang in der Jugendpastoral tätig waren, es ist wichtig, von Zeit zu Zeit Ihren Fortschritt auf diesem Weg anzuschauen. Um sicher zu sein, dass Sie die richtigen Fragen stellen, tun Sie folgendes:

1. Suchen Sie außerhalb nach Einsichten

Mit der Zeit werden Sie so tief in der Materie drinnen sein, dass Sie den Blick für das Wesentliche verlieren. Um sicherzustellen, dass Sie in Ihrem Dienst ständig wachsen, suchen Sie nach Perspektiven von außen, um sich zu überprüfen. Es ist wichtig, sich mit den richtigen Menschen zu umgeben. Um Einsichten zu bekommen, ist es gut, sich an Freunde, Freundinnen, Ihre Familie, Ihr Umfeld in der Pfarrgemeinde und an Ihren Pfarrer zu wenden. Ich würde noch zwei weitere Gruppen empfehlen, von denen Sie Rückmeldungen bekommen können: andere Verantwortliche in der Jugendpastoral und neue Freiwillige.

- Von anderen Verantwortlichen in der Jugendpastoral lernen

Es gibt nichts, was die Demut mehr fördert und furchteinflößender ist, als Jugendverantwortliche aus anderen Pfarrgemeinden (katholisch oder nicht) einzuladen, um Ihren Dienst zu evaluieren. Bitten Sie sie, Fragen zu stellen und alles auseinanderzunehmen, was Sie tun. Nehmen sie es nicht persönlich und denken Sie daran, dass die anderen Ihre Kämpfe verstehen und Sie mit Liebe anschauen werden.

- Von neuen Freiwilligen lernen

Neue Freiwillige sind noch nicht kampferprobt. Sie sind auch noch nicht abgestumpft durch Ihre Erfahrung. Sie eröffnen Ihnen völlig neue Perspektiven. Wir laden eine Gruppe neuer Freiwilliger nach drei bis sechs Monaten ein, um eine ehrliche Beurteilung von ihnen zu bekommen. Wir ermutigen sie, Fragen zu stellen und sich einzubringen. Es ist erstaunlich, was Sie alles neu entdecken werden.

Indem Sie sich Meinungen von außen holen, werden Sie verstehen, warum Menschen gehen oder gar nicht erst dazukommen. Sie werden entdecken, was funktioniert und was sie optimieren müssen. Einige Einsichten können Sie ignorieren, aber oft werden es diese neuen Perspektiven sein, die Ihnen wirklich weiterhelfen.

2. Auf dem Laufenden sein

Ihre Jugendpastoral existiert nicht in einem Vakuum. Es ist sehr leicht, einen bestimmten Punkt zu erreichen und dort stehenzubleiben, weil Sie sich wohl fühlen. Die Welt um Sie herum ist jedoch ständig in Veränderung. Es ist wichtig, dass Sie aktuelle Trends in der Pastoral kennen, weil das auch Ihre Pastoral beeinflussen wird, egal, ob Sie diese Trends gut finden oder nicht.

Abonnieren Sie Webseiten, die Trends beobachten (z. B. Mashable.com), lesen Sie Zeitschriften Ihrer Zielgruppe, (am besten solche, die Sie in Supermärkten am Ausgang finden) und befragen Sie die Jugendlichen aus der Mittelstufe (die sind offener als die älteren). Haben Sie keine Scheu, in deren Kultur einzutauchen. Wenn Sie sich mit den aktuellen Trends beschäftigen, werden Sie gezwungen, sich Fragen über die Relevanz Ihrer Pastoral zu stellen.

3. Vision und Leitbilder reflektieren

Eine Frage, die Sie sich immer wieder stellen müssen ist: *„Warum tue ich das?“*. Wenn Sie Ihre Vision und Ihren Auftrag reflektieren, wird Ihnen das helfen festzustellen, ob Sie noch auf dem richtigen Weg und Ihre Angebote noch relevant sind. So können Sie die Effektivität Ihres Systems erhalten. Unser Leitungsteam kommt jedes Jahr einmal zusammen, um darauf zu schauen, was wir tun, und warum, das was wir tun, wichtig ist. Wir treten einen Schritt zurück und beantworten die Frage nach dem Warum. Das bewahrt uns davor, uns zu wohl zu fühlen und zufrieden mit unserer Arbeit zu sein.

Jugendpastoral ist in der katholischen Kirche der USA noch immer ein eher neuer Beruf, der sich ständig verändert und weiterentwickelt. Als ich in der High School war, waren die meisten Jugendverantwortlichen Freiwillige, Priester, Diakone oder schlecht bezahlte Studierende. In vielen Pfarrgemeinden verändert sich das ganze heute langsam in eine dynamische, lebendige und wichtige Pastoral. Junge Männer und Frauen bereiten sich an der Universität auf diesen Beruf vor und entscheiden sich, Gottes Ruf zu folgen, sich Vollzeit für die Jugendpastoral einzusetzen.

Weil Jugendpastoral noch eher neu ist, sind eigene Erfahrungen aus der Jugendzeit eher keine Richtschnur für heutiges Tun. Es sollte auch nicht so sein. Es spielt keine Rolle, wie lange Sie bereits tätig sind, hören Sie nicht auf, die richtigen Fragen zu stellen. Sprechen Sie die Schwirikeiten an, achten Sie auf die Menschen um sich herum und evaluieren Sie alles, was Sie übernommen haben. Das wird Ihnen dabei helfen, zu erkennen, was Gott von Ihnen möchte.

20. Lernen und wachsen

Daher, meine geliebten Brüder und Schwestern, seid standhaft und unerschütterlich, seid stets voll Eifer im Werk des Herrn und denkt daran, dass im Herrn eure Mühe nicht vergeblich ist. (1 Kor 15,58)

Jugendpastoral kann ganz leicht mit dem Planen von Veranstaltungen verwechselt werden. Mit Veranstaltungen kann man schnell viele Jugendliche gewinnen. Wenn Menschen eine Ansammlung von Menschen sehen, werden sie annehmen, dass Sie eine lebendige und gesunde Jugendpastoral haben. Auch wenn Zahlen ein Indikator für Erfolg sind, sind sie nicht immer ein Zeichen von Gesundheit und nicht der einzige Indikator für Erfolg. Es ist gefährlich, sich nur auf Zahlen zu verlassen. Jugendpastoral muss nicht nur zahlenmäßig wachsen, sie muss auch in die Tiefe der Jüngerschaft führen.

Einkehrtage können jemanden inspirieren, sich Christus zu nähern, aber das funktioniert nur bis zu einem gewissen Grad. Es braucht auf jeden Fall einen nächsten Schritt. Veranstaltungen wie etwa Einkehrtage können als Katalysator dienen. Wenn Sie aber lediglich Veranstaltungen und Exerzitien planen, werden Sie feststellen, dass Sie Konsumverhalten fördern und selbst ausbrennen.

Als ich in der High School war, liebte ich die Einkehrtage. Ich nahm an drei bis vier Wochenenden im Jahr teil. Sie könnten denken: *„Wow, er muss die Pfarrgemeinde wirklich geliebt haben.“* In Wahrheit war es einfach eine großartige Gelegenheit Freundinnen zu finden, und immer war mindestens ein tolles Mädchen dabei. (Was soll ich sagen? Ich war ein junger Mann.)

Es gab nichts Außergewöhnliches an diesen Wochenenden. Das war auch einer der Gründe, warum ich daran teilnahm. Es ging immer um dieselben Themen. Beim ersten Vortrag am Wochenende ging es darum, dass wir unsere Masken ablegen sollten, um anderen zu zeigen, wer wir wirklich sind. Darauf folgten Impulse zum Thema Angst. Sobald du den Eindruck hattest, dass dein Leben ein einziges Drama sei, gab es noch einen anderen Jugendlichen, dessen Leben viel schlimmer war.

Im Laufe des Wochenendes gab es emotionale Hochs und Tiefs. Der Höhepunkt war der Versöhnungsgottesdienst am Samstagabend. An diesem Punkt waren alle von ihrer sündigen Natur überzeugt. Die Erwachsenen ermutigten uns dazu, alles auf ein Blatt Papier zu schreiben, das anschließend verbrannt wurde. Dieser Abend war erfüllt von Tränen, Schluchzen und Momenten wie *„Ich liebe dich, Kumpel“*.

Am Ende des Wochenendes, nachdem wir zerrissen und wieder zusammengesetzt worden waren, feierten wir Messe mit unseren Familien. Nach der Kommunion hatten wir alle die Möglichkeit, Zeugnis zu geben. Es gab dabei wirklich starke Momente, als Jugendliche ihre neu entdeckte Liebe zu Christus mit uns teilten. Andere, die dabei waren, aber mit diesen Emotionen nicht zurechtkamen, machten Witze darüber. Am Ende der Zeugnisrunde wurden noch die Namen derjenigen gerufen, die bisher still waren. Das war der seltsamste Augenblick, weil manchen der Widerwille ins Gesicht geschrieben stand. Der Druck war riesig, und es hätte sozialen Suizid bedeutet, wenn man seinen Namen ignoriert hätte. So zum Aufstehen gezwungen, sagte dann jemand etwas wie *„Danke für alles, ich liebe Euch.“* Alle klatschten.

So kitschig das auch scheint, liebte ich diese Erfahrungen

und konnte nicht genug davon kriegen. Das wurde am Ende der Einkehrtage zum Problem. Ich fühlte mich geistlich nicht erfüllt, sondern richtig aufgelöst. Es spielte keine Rolle, wie oft wir davon gehört hatten, die Exerzitien in unserem Alltag weiterzuleben. Mit diesen Emotionen fertig zu werden, war wie ein Entgiftungsprozess. Ich fühlte mich schrecklich am nächsten Tag, und allen anderen ging es genauso. Die spirituellen Höhenflüge waren großartig, so real, aber sie hielten nie lange an. Die Verantwortlichen taten alles dafür, um uns eine emotionale Erfahrung zu ermöglichen. Manchmal war der einzige Zweck der Exerzitien, Tränen, Reue oder Schuld hervorzurufen. Viele der erwachsenen Verantwortlichen brauchten eine emotionale Reaktion, ein greifbares, konkretes Zeichen – wofür, war nicht sicher.

Rückblickend erkenne ich viele positive Auswirkungen dieser Kurzexerzitien auf mein Leben. Ich lernte Freunde und Freundinnen kennen, entkam dem Chaos der Scheidung meiner Eltern und ich lernte mehr über Gott. Doch es gab keine Vorbereitung auf das Leben außerhalb der Exerzitien. Nach einer oder zwei Wochen waren das Vertrauen, die Unterstützung und Liebe wieder verschwunden.

Ich bin nicht gegen Einkehrtage. Wenn Sie gut gemacht sind, können Sie ermächtigende und glaubensverändernde Erfahrungen ermöglichen. Ich glaube nur nicht, dass sie der einzige Weg dahin sind. Sie sollten sie nicht zum Schwerpunkt Ihrer Jugendpastoral machen, weil sie nicht nachhaltig sind. Das gilt auch für alle anderen Veranstaltungen, die schnelle Wege zum Erfolg sind..

Unser Ziel als Verantwortliche in der Jugendpastoral ist es, Gelegenheiten und ein Umfeld zu schaffen, sowie Beziehungen, die den Jugendlichen helfen werden, im Glauben zu wachsen. Es ist wie mit jeder anderen

Beziehung, die wir vertiefen möchten. Sie müssen beständig kommunizieren und sich mit der Person treffen, wenn Ihre Beziehung persönlicher und authentischer werden soll. Es ist gleich wie beim Trainieren. Sie wissen, dass Sie mit einmal Sit-ups pro Woche nicht in Form kommen können. Mit Ihrer geistlichen Gesundheit verhält es sich ähnlich wie mit Ihrer körperlichen. Um gesunde Jünger und Jüngerinnen zu gewinnen, müssen Sie ihnen ständig Gelegenheit geben, mehr über Christus zu erfahren und in ihrer Beziehung mit anderen Christen und Christinnen zu wachsen.

Jede Woche können die Jugendlichen zu uns kommen und folgendes erwarten:

- Ein Umfeld, in dem alle willkommen sind und geliebt werden, so wie sie sind, unabhängig von ihrem Wissen und Glauben
- Eine Aktivität oder ein Spiel, das ihnen helfen wird, sich zu öffnen
- Musik, die sie beim Gebet unterstützt und bei der Reflexion ihres Lebens
- Ein fünfzehnminütiger Impuls, der auf sie zugeschnitten ist und in dem sie hören, wie Gott in ihrem Leben wirkt
- Kleingruppen, wo sie sich mit Gleichaltrigen treffen, begleitet von zwei Erwachsenen, die mit ihnen einen Teil ihres Glaubensweges gehen wollen

Manchmal haben wir unterschiedliche Elemente und Varianten dieser fünf Komponenten. Doch im Großen und Ganzen ist es das, was sie von Juli bis Mai bei uns erwarten dürfen. Ist das der einzige Weg für die Pastoral? Wahrscheinlich nicht, aber bei uns funktioniert es gerade jetzt auf diese Weise ganz gut. Manche Menschen fragen vielleicht: „Wie können Sie elf Monate im Jahr so ein Programm für die Jugendlichen anbieten?". Ich will es Ihnen sagen.

Erste Schritte

Bevor Sie in Ihrer Pfarrgemeinde ankündigen: *„Wir werden mit Jugendpastoral beginnen."*, sollten Sie die Basis dafür legen, dass Sie sich den Herausforderungen immer wieder neu stellen können. Achten Sie darauf, folgendes zu tun:

1. Ein nachhaltiges Angebot schaffen

Ein nachhaltiges Programm bedeutet, dass Sie das, was Sie tun, regelmäßig und beständig tun. Für mich bedeutet das, mich regelmäßig mit einer Gruppe von Jugendlichen zu treffen. Auch wenn alles schief geht, weiß ich, dass ich mich mit den Jugendlichen zusammensetzen, mit ihnen beten, ihnen zuhören und mit ihnen über Jesus Christus sprechen kann. Sobald Sie wissen, wie dieses Gerüst aussehen kann, sollten Sie folgendes tun:

2. Geeignete Zeiten festlegen

Es wird nicht den perfekten Tag für alle geben. Um den besten Tag zu finden, sollten Sie mit Eltern, Jugendlichen und Ihrem Pfarrer sprechen. Unsere Tage und Zeiten sind nicht ideal, aber wir stellten fest, dass es funktioniert, weil die Eltern genügend Zeit haben, um ihre Kinder von allen möglichen Aktivitäten abzuholen und sie in die Pfarrgemeinde zu bringen. Egal an welchem Tag und zu welcher Zeit Sie sich treffen, achten Sie darauf, dass alles klar und beständig ist. Wenn Sie angeben, dass Sie um 18.30 Uhr beginnen, dann seien Sie um 18.15 Uhr bereit. Wenn Sie um 20.30 Uhr aufhören wollen, dann hören Sie um 20.30 Uhr auf. Beständigkeit ist der Schlüssel zu Erfolg und Vertrauen.

Es kann sehr anstrengend sein, an beständiger Jugendpastoral zu arbeiten, aber es ist machbar. Sie brauchen Menschen um sich, die Sie ermutigen und in die Pflicht nehmen, damit Sie durchhalten können. Sie sollten Jugendpastoral ohnehin nie allein machen. Daher brauchen Sie folgendes, um Ihre Pastoral gut gestalten zu können:

3. Nach Menschen mit Weitblick suchen

Es ist eine Sache, wenn die Jugendverantwortlichen wöchentliche Treffen halten. Für andere Menschen scheint dies eine unmögliche Aufgabe zu sein. Wenn Sie Menschen suchen, die regelmäßig Dienst tun, müssen Sie ein klares Bild der Vision zeichnen. Sie müssen ihnen erklären, wie ihr Dienst nicht nur das Leben der Jugendlichen, sondern auch ihr eigenes beeinflussen wird. Menschen, die die Vision sehen und sie annehmen, werden von einer wöchentlichen Verpflichtung nicht abgeschreckt sein. Wir haben sogar gesehen, dass Menschen mehr geben als Sie verlangen. Es ist wichtig, nicht einfach irgendjemanden zu nehmen. Sie brauchen die richtigen Leute an Bord, damit Ihre Pastoral wachsen kann.

4. Beginnen Sie mit einer Testgruppe

Als wir unser Kleingruppenprogramm aufgebaut haben, gab es zunächst sechs Wochen im Herbst und dann sechs Wochen im Frühling (in der Fastenzeit). Es ist einfacher für die Menschen, sich zu engagieren, wenn die Verpflichtung nicht so groß ist. Nach dem ersten Durchlauf hatten wir genug Zeit, alles zu analysieren und zu reflektieren. Im folgenden Jahr haben wir acht Wochen im Herbst und acht Wochen im Frühling Kleingruppen angeboten. Im Jahr darauf waren es acht Wochen im Herbst und zehn Wochen im Frühling. Dann war der Punkt erreicht, an dem unser Programm ganzjährig wurde.

Mit den richtigen Leuten und einem guten System konnten wir ein starkes und gesundes Programm schaffen. Die Zahlen waren nicht berauschend, aber wir erfüllten unsere Vision, Jünger ud Jüngerinnen zu gewinnen und der Kirche Bedeutung zu geben.

5. Passen sie Ihre Angebote immer wieder an

Wenn Sie ein beständiges Angebot aufbauen wollen, werden Sie niemals damit fertig sein. Um durchzuhalten, müssen Sie alles immer wieder reflektieren und sicherstellen, dass alles gut und richtig läuft. Um Ihre Pastoral zu optimieren, anzupassen und zu verbessern, stellen Sie sich diese drei Fragen:

- *Dient das unserem Zweck?* Sie werden sich wohler damit fühlen, wie Sie nun Ihre Pastoral gestalten, aber auch entdecken, dass einige Angebote nicht mehr anziehend sind. Der nächste Schritt ist, zu untersuchen, wie Sie

Ihre Pastoral auf die nächste Ebene bringen. Gehen sie zurück zu Ihrer Vision und entscheiden Sie, ob Ihr Zweck immer noch erfüllt wird. Wir untersuchen, ob wir die Jugendlichen immer noch dazu führen, authentische, beständige und unwiderstehliche Abbilder Jesu Christi zu sein. Wenn Sie Ihren Zweck aus den Augen verlieren, werden Sie im Kreis laufen, bis Sie ausbrennen.

- *Geht es um Konkurrenz?* Es ist gut, wenn es einen Wettbewerbsgeist gibt. Es lässt Sie offensiv in Ihrer Strategie sein. Doch wenn Sie etwas planen, das mit anderen Angeboten in Ihrer Pfarrgemeinde konkurriert, wird es nur Enttäuschungen geben. Wenn das geschieht, sollten Sie überprüfen, ob etwas verbessert, anders aufgesetzt oder vielleicht abgeschafft werden soll. Wenn Sie konkurrierende Angebote haben, werden Sie sich selbst und Ihre Ressourcen erschöpfen. Es kann zu Feindseligkeiten unter den Mitarbeitern und Mitarbeiterinnen kommen und am Ende wird niemand gewinnen.
- *Ist der Aufwand den Ertrag wert?* Manchmal möchten Sie mit Ihren Angeboten vielleicht mehr erreichen. Es kann funktionieren und gut angenommen werden, aber der Zeitaufwand, den sie investieren, mag den Erfolg nicht rechtfertigen. Evaluieren Sie alles, achten Sie auf Nachhaltigkeit und treten Sie kürzer. Das kann schmerzhaft sein, weil es passieren kann, dass Sie etwas loslassen müssen, was Sie liebgewonnen haben.

Der Schlüssel zu einer nachhaltigen Pastoral ist Beständigkeit und Engagement. Veranstaltungen, Exerzitien und Versammlungen können Positives bewirken, sie dürfen nur nicht alles sein. Wenn Sie Veranstaltungen mögen, nutzen Sie diese, um ein beständiges Angebot in Schwung zu bringen.

Nutzen Sie sie, um Jugendliche zu etwas einzuladen, was ihnen Spaß macht und wozu sie wiederkommen. Wenn Sie Exerzitien anbieten, achten Sie darauf, dass Sie Ressourcen haben, wie Andachtsbücher, um die Erfahrung zum Prozess werden zu lassen. Eine beständig lernende und wachsende Pastoral aufzubauen, ist eine Herausforderung, aber nur so werden Sie es schaffen, Ihre Ziele zu erreichen und Ihrer Vision näher zu kommen.

Nachwort: Sie und ich sind für diese Aufgabe geboren

Warum also arbeite ich in der Jugendpastoral? Die Antwort ist einfach – Gott hat mich dazu berufen. Ich weiß nicht, was er in der Zukunft mit mir vorhat, aber ich freue mich schon darauf. Bisher war es ein erstaunlicher Weg und ich weiß, dass das, was vor mir liegt, noch großartiger sein wird. Ich weiß, dass es Augenblicke von Schmerz, Zweifel und Angst geben wird. Doch die Hoffnung auf Gottes Verheißung wird mich durchtragen. Die Erinnerungen und Beziehungen, die auf diesem Weg entstanden sind, sind unbezahlbar. Jugendpastoral ist wie ein langer Weg, aber er ist es wert.

Meine Pubertät war erfüllt mit so vielen wundervollen Momenten und Menschen, auch wenn es eine schwierige Zeit war. Leute wie der Jugendverantwortliche meiner Mittelschule, den ich wahnsinnig machte, meine drei Elternteile, Rob, Lynnie und Judi waren ein Segen für mich. Ohne deren Opfer hätte sich mein Leben und das Leben anderer Jugendlicher nie zum Besseren verändert.

Am College traf ich einen Jesuiten, P. Bischoff. Er investierte in mich und erlaubte mir, ihm alles zu sagen. Er war mein geistlicher Begleiter und einer der Hauptgründe, warum ich Gottes Ruf nach Baltimore annahm, wo mein Leben als Jugendverantwortlicher, als Ehemann und Vater begann. In meinem Leben lernte ich einige Männer und Frauen in der Kirche kennen, die mir zeigten, was es bedeutet, Jünger oder Jüngerin Christi zu sein. Durch ihren Dienst an der nächsten Generation gelang es mir, Christus zu finden und meine Liebe zur Kirche zu entdecken.

Immer wenn es Tage, Wochen, Monate oder Jahre gibt, an denen Sie sich fragen, ob es das alles wert ist, denken Sie an den Einfluss, den Sie nehmen können. Wahrscheinlich werden Sie das am deutlichsten in den kleinen Dingen erkennen. Diesen Brief über eine unserer Kleingruppenleiterinnen bekam ich von einem Elternteil. Er hilft mir, das Gute zu sehen, das Gott durch meinen Dienst wirkt.

Hallo, Chris. Nachdem gestern Abend keines der Mädchen in Leslies Kleingruppe zum Treffen kommen konnte, fragte Tina sie, ob sie trotzdem kommen wollte. Sie gingen dann mit unserem Hund spazieren, waren über eine Stunde lang unterwegs und sprachen über Gott und die Welt. Ich wollte Sie nur wissen lassen, dass ich die Beziehung zwischen Tina und Leslie großartig finde und wie sie das Leben von Leslie und den anderen Mädchen positiv beeinflusst – und nicht nur in der Kirche.

Das Besondere an dieser Mail war, dass Leslie und die übrigen Mädchen der Kleingruppe nicht sehr begeistert waren, als sie Tina kennenlernten. Für sie war Tina nicht cool genug, um ihre Leiterin zu sein. Als ich mich vier Jahre später von dieser Gruppe verabschiedete, kam eines der Mädchen zu mir und sagte: *„Tina ist unsere Kleingruppenleiterin. Wir geben sie nicht mehr her."* Tina war nicht nur ein Vorbild für die Mädchen, sondern auch ein Beispiel Christi. Dank Tina wissen diese Mädchen, dass Gott immer in ihrer Nähe und für sie da ist.

Wenn es solche Momente gibt, genießen Sie sie. Vielleicht fällt Ihnen das schwer, weil sie kürzlich eine Enttäuschung erlebten. Vielleicht sind Sie erschöpft und müde. Ich kenne das. Ich war auch schon an diesem Punkt und werde sicher wieder dort sein. Egal, was Sie denken, vergessen Sie nicht, dass Sie – genau wie ich – für diese Aufgabe geboren sind!

Wenn Sie ein Pfarrer oder Pfarrleiter sind und dieses Buch gelesen haben, denken Sie an den Mann oder die Frau, der Sie diese Verantwortung übertragen haben und dass Sie gemeinsam kämpfen. Wenn Sie es verstehen, diese Person zu ermächtigen, in sie zu investieren und sie auf dem Weg zu unterstützen, werden Sie nicht nur eine nachhaltige Jugendpastoral haben, sondern auch vertrauenswürdige Verbündete finden. Mein Pfarrer hat viel in mich investiert. Er erlaubte mir, Risiken einzugehen und ihn zu fordern. Das ist einer der Hauptgründe, warum wir seit über zehn Jahren zusammenarbeiten.

Für all jene von Ihnen, die hochengagiert sind, vergessen Sie nicht, dass Gott Sie zur Jugendpastoral berufen hat. Denken Sie daran, dass Sie nicht allein sind und dass Sie nicht als Erste/r diesen Weg gehen. Es ist ein Weg, nichts wird über Nacht geschehen. Da gibt es Menschen, die sie unterstützen, die sich freuen, wenn Sie wachsen. Da gibt es Menschen, die Ihnen helfen wollen, die Ihnen Nahrung geben und Sie weiterbringen. Jugendpastoral kann anstrengend sein, aber sie ist es wert. Das nächste Mal, wenn Sie zweifeln und sich fragen *„Warum sollte ich etwas tun, was andere Menschen nicht mal für einen richtigen Job halten, und das noch unterbezahlt mit viel zu vielen Stunden?“ „Warum investiere ich in Jugendliche, Eltern und Menschen, die mich enttäuschen und im Stich lassen werden?“ „Warum investiere ich in einen Beruf, der sich wie eine einsame Insel anfühlen kann?“*, dann denken Sie daran: Die Antwort ist eine Veränderung meines Lebens. Sie arbeiten in der Jugendpastoral, weil Gott Sie dazu berufen hat, Gelegenheiten, Beziehungen und ein Umfeld zu schaffen, die Ihr Leben verändern werden. Diese Änderung des Lebens wird nicht nur das Leben der jungen Menschen beeinflussen, sondern auch die Zukunft der Kirche. Sie leiten sie dazu an, also genießen Sie und es nehmen Sie es an. Feiern Sie Ihre Erfolge im Wissen, dass Sie auch scheitern werden, aber vergessen Sie nie die Vision, die Gott in sie eingepflanzt hat. Wenn es solche Männer und Frauen wie Sie nicht gäbe, wäre ich nicht halb so gesegnet, wie ich es heute bin. Danke Ihnen allen, dass Sie der Kirche in den Augen junger Menschen Bedeutung geben und so den Leib Christi mitaufbauen.